生命的奋进

五大师回忆录

梁漱溟　熊十力　唐君毅
徐复观　牟宗三——著

九州出版社 JIUZHOUPRESS | 全国百佳图书出版单位

图书在版编目（CIP）数据

生命的奋进 : 五大师回忆录 / 梁漱溟等著. -- 北京 : 九州出版社, 2017.4

ISBN 978-7-5108-5210-7

Ⅰ. ①生… Ⅱ. ①梁… Ⅲ. ①哲学家－生平事迹－中国－现代 Ⅳ. ①B261.5

中国版本图书馆CIP数据核字(2017)第079891号

生命的奋进：五大师回忆录

作　　者　梁漱溟　等著
责任编辑　李黎明
出版发行　九州出版社
地　　址　北京市西城区阜外大街甲 35 号 (100037)
发行电话　(010)68992190/3/5/6
网　　址　www.jiuzhoupress.com
电子信箱　jiuzhou@jiuzhoupress.com
印　　刷　三河市东方印刷有限公司
开　　本　880 毫米 ×1230 毫米　32 开
印　　张　7.5
字　　数　140 千字
版　　次　2017 年 6 月第 1 版
印　　次　2017 年 6 月第 1 次印刷
书　　号　ISBN 978-7-5108-5210-7
定　　价　42.00 元

★版权所有　侵权必究★

出版说明

本书原名《生命的奋进：四大学问家的青少年时代》，1984年7月由香港《百姓》半月刊杂志社初版；同年10月由时报出版公司出台湾版。原书收录了梁漱溟、唐君毅、徐复观、牟宗三四位国学大师的文章，然而也有遗憾——正如原序中刘述先先生所言——缺少了新儒家的重要奠基者熊十力先生的作品。为弥补这一遗憾，我们在熊十力先生的著作中认真选取了相关的三篇文章（附有一篇白话文翻译，经熊十力先生曾孙熊明心女士帮助改定），使得这部书更加丰富与完整。联系文章授权的过程中，五位先生的家属给予了莫大支持，谨此致谢。尤其熊十力儿媳万承厚女士（熊世菩夫人），年近百岁，且在病痛中，仍亲笔写来长信，实在令我们感动。此外，刘述先先生慷慨应允将原序重刊，余世存先生毅然为本版撰写新序，吴兴文先生给予热心指导与帮助，我们也在此一并致谢！

本次出版，以1984年香港初版为底本，重新进行了编校，调整文章顺序，订正了编排错误（《六十年来中国青年精神之发展》一篇是唐君毅所作，原版误为牟宗三）。为尽可能保持作品原貌，保留了原作者注释及原版编者所加的“原编者注”，其余“编者注”为本版编者所加，特此说明。由于作者创作时所处时代与立场的局限，我们对书中的一些观点并不认同，请读者明辨。

目　录

序

梁漱溟

熊十力

唐君毅

徐复观

牟宗三

我们身边的燃灯者

——序《生命的奋进》

余世存

近现代中国在中国史上是较为特殊的，是非常道，用新儒家的观念，这是一段“坎陷”的历史。中国文化的精神观念、物质成就、人物风范，在现代化极为张扬的参照里，一时黯淡无光，甚至被视为落后、反动保守、糟粕、遗老遗少一类，理想主义、唯物主义、全盘西化、斗争哲学、科学主义、革命精神、拜金拜物教等等盛行。个人、家庭、国家、社会等等文明单位在寻找现代化的过程中迷失了本来面目，发生了很多悲剧、闹剧，这个现代化过程，至今方兴未艾。用新儒家的观念，中国和中国人在这个过程中，都只充当了“材料”，难以超拔成为“形式”。用佛家的观念，中国和中国人至今未能修成“正果”。

我们由此可知，对某一历史事实，从不同的角度都可以做出相似的解释。尽管有人以为中国人已经很“成功”，当代中国人幸逢“盛世”，但佛家、儒家、耶家乃至现代性都未必认可。就像有人一再说中国已经是世界第二大经济体，中国的现代化程度已经很高，但从上至下的中国人和家庭仍多以留学海外、移民为生活的目标。

这个东亚大陆上发生的“数千年未有之奇变”，使个人生命乃至家国社会都跌入黑暗的谷底，无数人在其中挣扎、喧哗、制造热闹，但在有识者看来，这个底部生存，无论多么理想、得意，其实都是一种无明状态。没有真正的光明烛照，一切的努力付出最多也就是漫漫长夜里的摸索，更多是收获了负值，增添了罪苦。这种历史，历史上众多的仁者、贤者都感受到了。《金刚经》里释迦牟尼佛坦承无明时代燃灯佛对他的加持，“是故燃灯佛。与我授记。作是言。汝于来世。当得作佛。号释迦牟尼。”《圣经》里记载，耶稣被钉上十字架，他对人在无明中犯下的罪如此感叹，“父啊，赦免他们！因为他们作的，他们不晓得。”而在中国被称为经济文化繁荣的宋代，一个读书人在一个邮亭里写下了很多人的心声，天不生仲尼，万古如长夜……

我们由此可知，在历史的非常道上，在人生社会的参照上，最为重要的是人格成就，它才是照亮我们生命的灯火。遗憾的是，近代以来的中国史上，人们多以国家、组织、政治、科技理性、学问、金钱等等为人生的参照灯塔，甚至以政治人物、成功人士为参照。即使宅心仁厚、怀抱理想的人也以为，如果要推崇人格成就，那也是推崇历史上的圣贤如孔孟等人，现实中的人格完善意义不大。当然，很多人更是视人格如无物，甚至嘲笑它。只有时过境迁，我们才能理解，那些人格的光辉意义。

知识人承认，在当代知识界的沦落中，幸而有一个顾准，为一代中国知识分子挽回了颜面。信仰者则说，在传统中国文化的气节难现于当代时，是一些伟大的个体为全民的罪苦承担了救赎。当然，传统中国的人格气象仍在，只是在少数人那里，不为大众甚至一般读书人所知罢了。儒释道的精神在百年中国的革命世纪里涅槃、新生，如新道家的陈撄宁、新佛家的太虚大师以及新儒家的熊十力等人，就是极为重要的文化果实。一般人以为他们迂腐了，属于现代化的边缘者，稍具同情者也以为他们的人生成就“陈义过高”，跟现实有距离，不比那些在时代洪流中的弄潮儿、奉献者或牺牲者。

这其实是一个极大的误解。因为儒释道精神的现代转化，无论如何，都立足于中国人和中国文化何处去的“忧患”传统，这一忧患比一时一地的政治经济忧患更关键更重大，用传统文化的语言，这是一种“经学”或道统之忧患，是大本大源之忧，本立而道生，源远而流长。正是有这样的误解，一般人才以为道德人格文章不如才子文章，人性人心才会受才学左右，认知才会受时势左右；如此伊于胡底，读书人只读时文，年轻人不接受前辈文章，中学生则是青春文学、偶像作家的粉丝。只有时过境迁，他们才能渐渐告别自己心智的蒙昧无明。就像今天不少成功人士，告别了他们青春少年喜欢的样板戏、宣传体或“文革”思维，开始接触佛法、《圣经》等人类文明的经典，开始接触那些以血以生命人格铸就的文章。一句话，一切追求眼前而急功近利的人物文章都将是过眼烟云，如果我们在其中流连忘返，我们的人生就会走很多弯路，甚至收获极微。只有那些立足于人生社会终极的经典、人物，才是值得我们去“勤而行之”的。如果我们以为那些经典、人物不够切己，我们当反思，我们是否活在本能的、无明的状态？我们是否是无志、难立的自了汉？用传统或现代的语言，如果我们不参赞那些人物、经典，如果我们对其不以为然而自以为是，我们当反思，我们是否是与君子对立的小人，是否是与公民对立的市侩子民？

有人以为，成为君子大人，成为公民，只是少数人的事业或使命，大多数人还是要过寻常的日子，只能成为小人、百姓、市民。一如西哲讨论人有自愿做奴隶的自由一样，这其实也是一种无明之见。不仅文明演进在抛弃这种人性的坎陷或自甘堕落，全球化时代，没有人能够自外于环境，以小人之态自立或孤立，环境推动着社会个体日新又新；就是个体自身，在环境的加持里也有着向上跃进的权利和责任。这种文明史的开花结果也为中外大哲注意到了，人们感叹“人人皆可为尧舜”、“满街都是圣人”，人们憧憬，人类发展的结果，将是“自由人的自由联合”……由此可见，人类自身卑下的情操固然可以显明一时一地，但人终究有高远也切身的人生目标。

摆在读者面前的是新儒家诸子的文章，这些文章写作时代相隔半个世纪之久，集中于诸子们的青少年时代生活。我们读他们的文章，亲切是不用说了，最让人感动的是看他们如何看待自己走过的道路。他们以后来成圣成贤的心地回望自己的青春少年，把握到其青少年时代的诸种人生轨迹或线索，对读书生活的回顾，对父亲、母亲等至亲的孺慕，对师友的怀念，对流行思潮的怀疑或消化，都值得我们记取。正是这些线索成就了他们。梁漱溟先生说他对当时社会的感受是，“自民国元年以来谬慕释氏，语及人生大道必归宗天竺，策数世间治理则矜尚远西。于祖国风教大原，先民德礼之化顾不知留意。”熊十力先生年轻时参加了革命党，但在广东，“居半年，所感万端，深觉吾党人绝无在身心上作工夫者，如何拨乱反正？吾亦内省三十余年来皆在悠悠忽忽中过活，实未发真心，未有真志，私欲潜伏，多不堪问。”因而下决心献身学术。由此可见他们青少年时的反思。牟宗三先生说，东西方文化各有其精彩，西方哲学以知识为中心，中国文化则以生命为中心，遗憾的是，中国的生命学问传统断绝了。而新儒家诸子们反求诸己的努力使他们接通了中国的生命学问。

东西方文化都认知到，生命种子本来蕴涵一切可能性，生命本来就是一个大宝藏，不假外求。西哲说，人所具有的我都具有。孟子说，万物皆备于我。释迦牟尼佛感叹，一切众生皆具如来智慧德相。慧能大师说，本自具足。问题在于，靡不有初，鲜克有终。人是如何从先天具足的生命一步步走向残缺、污染、病变、形格势禁的后天状态。问题在于，我们如何救度此身此生。佛子所说，此身不向今生度，更待何生度此身？现代科学也证实，比起一切外药来，人身自有大药，人身之药更为切实。潘雨廷先生曾感叹，“凡人初出母胎，本来潜备无穷无尽德用，是大宝藏，入此大宝藏而得乾坤衍，不已较龙树入龙窟以得华严为发展乎！合诸西洋文化，哲学基础在自然科学，由天文、地质、物理、化学而生物，由生物而究及生命起源，莫非在窥此大宝藏，自成立分子生物学以至量子生物学后，其义大显。”

因此，现代人需要摆脱自视时的自以为是，视人时的不以为然，这都是一种生命的无明。现代人需要照见自身的“大宝藏”，这就需要我们能够发现身边的燃灯者，并从他们那里领受生命的光明。新儒家诸子们未必实现了其人生社会和文化的目标，但他们是中国文化优秀的传灯者。他们是学问家，是修行者，是实践家，他们在现代化多难的进程里示范了一种伟岸的士的人格。在传统社会里，士被称为四民之首，我们今天也可以说，士是公民之首，士是一个共同体个体成员所能抵达的人生大成就。《大戴礼记》中借孔子之口定义士，“所谓士者，虽不能尽道术，必有所由焉；虽不能尽善尽美，必有所处焉。”我们看新儒家诸子们青少年时代的追求，正是士的体现。而其同时代乃至今天流行的人物，似乎已经真理在握，已经穷尽学问道术。但时过境迁，我们今天明白，现代中国给我们留下的遗产里，新儒家诸子才是为数不多的可礼赞的人物。他们的学问成就如何暂且不论，他们的人生境界是坎陷时代的燃灯，可以照见我们自身的心性。

2015 年 8 月 19 日写于北京

原版序

刘述先

这本集子所选录的是当代新儒家几位代表人物的文章，包括梁漱溟、牟宗三、唐君毅、徐复观四位先生的作品。在这四位先生之中，梁先生是更老一辈的学者，现已年逾九十，一直定居大陆；另外三位先生都在1949年离开大陆，活跃于港台的学术文化圈，现在只牟先生一人还健在，年约七十岁，唐先生与徐先生则已于近年逝世。

当代新儒家思想的兴起是有它的理由的。从清末维新、革命的思想浪潮开始，到五四的反传统，以至于毛泽东的破四旧，现代中国思想的主流莫不是对于传统反动与否定。但传统，尤其是儒家的思想，果真是一无是处么？在这种情况之下。少数有识之士，甘冒时代之大不韪，在中国走向现代化的过程之中，重新肯定儒家思想的意义，这决不是一个偶然的现象。他们的思想是通过一己的独立思考与实存体证，经历千锤百炼以后提出的成果，或者值得我们好好地反省、咀嚼一番罢！

梁先生的《我的自学小史》恰正为我们提供了一个活生生的例子。他自幼生长在一个维新思想、家庭气氛开放自由的环境之中，更令人惊诧的是，他少时竟未背诵过四书五经。他的起点是功利实用的思想，但不到二十岁便认定“人生唯是苦”而倾向于佛家的出世思想，中间曾经一度实行素食。一直到最后才归向儒家思想，于父亲逝世三年之后才结婚，享受家庭生活的乐趣。他著《东西文化及其哲学》，既不满意印度过分后退出世的思想，也不满意西方过分前进现实的思想，而认定儒家的中庸之道兼顾到两个方面的要求而指点了一个正确的方向。但他仍嫌中国文化过分早熟，而希望中国能够兼采西方走上现代化的道路，并能预烛机先，防患于未然，为人类找到一条走向未来的康庄大道。

梁先生论传统中国文化，特别标举出“情”之一字，这是现代西方科学，乃至马列主义所未能照顾到的人生的极重要的一环。甚至经历“文革”对知识分子的迫害，梁先生始终不曾放弃他自己的根本立场。海外对梁先生的人格最钦佩的地方，就在他能够坚决不改素行，这显出了一个传统儒家知识分子的风骨，证明儒家的精神在今日还未曾销毁殆尽。

牟宗三先生在当代新儒家思想的开展方面有重要的创发。他在中年著《政道与治道》就明白指出，传统儒家外王之道不足，必须转接上现代西方式的民主，建立法治，才可以解开传统朝廷政治的死结。他在最近演讲更进一步指出，传统“士农工商”的说法已不适用于现代；一个读书人若不能了解现在复杂的政治经济结构，哪里够资格去领导农工商。他的思想虽仍肯定在文化的开展上应建立精神的指导原则，但落实下来，却肯定一种文化的多元论，绝对不许与抱残守缺之辈的想法混为一谈。

牟先生在学术上最大的贡献，毕竟在于他对传统儒家内圣之学的义理的疏解，这就是他所谓的“生命的学问”的中心关注之所在。《心体与性体》的伟构现在已成为中外共认的研究宋明儒思想的经典性的著作。虽然他谦说他所做的乃“辩以示之”的下层工作，不是“圣人怀之”的最高境界。但现代人所需要的正是这种下层的工作。在道统之外，还要建立政统、学统，这才能够扩大自己的传统。

牟先生出身农家，早年致力于逻辑架构式的思辨之学。后来受熊十力先生精神的感召，这才转归圣学的途径。他早年也曾想参加实际的改革，后来才专心一志做文化学术的工作。他想做的是吸纳西方哲学思想的主流来充实中国哲学的内涵。在古代、宋明之后，在今日把儒学的精神进一步发扬光大，来解决时代所面临的无体、无理、无力的大问题。

比较起来，唐先生绝早就表现出他之偏向于思辨学术的性格，他一生工作在学院之内，但一样免不了受到时代浪潮冲击的痕迹。一直到他思想成熟之后，他才讲“中国文化之精神价值”。早年他的思想倾向于实在论，也不特别尊孔，在他的思想发展的过程中，有两度转折特别值得我们注意。一是他在早年出版《中国哲学思想之比较研究集》，师友交相赞誉，独熊十力先生谓，开始一点即错了。原来唐先生由“神无方而易无体”一语推断中国哲学是无体法，熊先生极不以为然。后来唐先生再四反省，才发现熊先生是对的。来港后写《中国文化之精神价值》一书，便提出将前书废置。另一是他在1949年之后，转来香港，与钱穆、张丕介等两位先生创办新亚书院，以“为往圣继绝学”为己任。徐复观先生则创办《民主评论》，是时唐先生与牟先生论学最相得，他们几支健笔，当中国文化之存亡之秋，大力宣扬中国文化的意义。以后三位先生又和张君劢先生一同发表《文化宣言》，此稿即由唐先生起草，由徐先生修订，而后由四位先生一同签名发表，成为当代新儒家思想之一重要文献。

唐先生早年的文字极富文艺气息。但在概念的清晰性上不如牟先生，但他所表现的融摄的精神则包容文化的不同领域。无怪乎在唐先生逝世之后，牟先生誉唐先生为“文化意识之巨人”。唐先生要为世界之各种思潮都找到一个地位，而最后归宗于孔子。他论仁心之不容已，突显出温润恻怛之情。所向往的是一理情交融的境界。

如果说唐先生的现实生命是一个比较单纯的生命，那么徐先生的便是一个十分复杂的生命。由他的自述，我们可以看到，他出生于贫穷的农家，以后厕身军旅，又卷入现实政治，一直到后来到台湾，这才转到教育岗位，真正下功夫做学问事业。所以在年龄上徐先生虽比牟唐两位先生略长，在学问上却反而处于一比较后进的地位。

但徐先生是我所见到的少数极聪敏的人之一。他形容运思犹如运用一把刀子一样，只要学会做学问的方法，那么运用到任何范围，处理任何资料，都可以收到丰硕的结果。他的思路自成一特殊的风格，不仅是“学术与政治之间”，同时也是“义理与考据之间”，异军突起，独树一帜，自成一家言说。正由于他在现实上的丰富阅历，往往使他能够看到一般人所看不到的角度。他写《两汉思想史》，特别能够看到在现实政治势力的笼罩之下，像《史记》或《淮南子》一类作品的微言大义。由这里，我们可以看到徐先生笔锋下的一股抗议精神。而他的笔不只写古代，可说发挥得更为淋漓尽致的乃是他的时论，他的忧时之深。发言之慷慨激烈，不能不令读者为之动容，不愧为一位历史文化的斗士。

如果说这部书有什么缺点的话，我不能不指出，这部文选没有选录熊十力先生的作品。牟、唐、徐三位先生都是熊先生的亲炙弟子，于梁先生反而只有间接的关联。而梁先生与熊先生则为诤友，彼此之间有极亲密的关系。好在徐先生有一文谈到有关熊先生的一鳞半爪，已足以令人得到一个深刻的印象。

熊先生出生贫家，早岁参加革命运动。中间跟欧阳竟无先生学佛。后来撰《新唯识论》，才转归儒家，体证乾元性海。熊先生的系统今天虽没有人追随，但熊先生的精神却贯注在他的弟子身上。他是当代新儒家思想的一个重要的泉源，这一点是不容忽视的。

这部书最令我激赏的是，选录的是四位先生的活生生的探索学习的过程，所展示的不是抽象的理论，而是实存的体证，所以更令人有一种亲切的感觉。我们要了解这几位先生的学术，自必须去读他们的大部头的著作。但只需把握这“常惺惺”的一念，有“生命的奋进”的“向上心”，有对于世界人生的悲情，这已经有它本身的价值，不容加以抹煞。

读了这部书乃可以令人了解到，民国初年的科学玄学论战，以及后来在台湾的传统派、现代派的论战，都缺少了一些重要的成分。肯定谈玄，指出科学的不足，不是说科学没有价值，而说明在现代化的过程中，不能不肯定传统的优点，并不是说不承认传统的缺点与限制，或者是阻挡现代化的进程。现代化必须建筑在传统的基石上才能成功，而我们对传统与现代都要有选择性的智慧去抉择，才不致于落入“扶得东来西又倒”的悲惨境地。

当代新儒家的思想自决不是全无渗漏。虽然经过了几十年的努力，已经有了许多建树，值得我们好好反省咀嚼，但它发展成为时代的主流，还有待时日。传统与现代究竟要怎样结合？这中间还有许多严重的困难，不容我们轻忽过去。但有信心，就有前途。我希望读过这部书的人能建立一种使得“顽夫廉，懦夫有立志”的气概，奋发起自己的生命向前探索，那就不至于空入宝山，无功而回了。

1983 年 11 月 29 日　微恙后于中大

梁漱溟

梁漱溟（前排中坐）与祖母、父母双亲、长兄及大妹二妹合影（约在 1900 年）

梁漱溟先生少年时与父亲合影

1905 年梁漱溟（右二），在中西小学堂留影，时年十二岁

1911 年梁漱溟于顺天中学高等学堂毕业，特借长兄留日归来所带回日本大学生的服装鞋帽留影纪念

青年梁漱溟

1918 年 7 月，北京大学哲学门毕业合影。前排教师左起：康宝忠、崔适、陈映璜、马叙伦、蔡元培、陈独秀、梁漱溟、陈汉章，二排左四为冯友兰

1949 年，梁漱溟先生（前排中）于重庆北碚迎接解放军进城

安得胸如海樣
寬了無人事着
悲歡
煥章弟屬
梁漱溟

梁漱溟先生书法

欽寧来信阅悉，甚好。古训
云：過而能改，善莫大焉。為人
要堂堂正正，頂天立地，俯仰無愧，此義
宜由你父母给你讲明。我
最近给欽東講，不貪，不貪是根
本，一切貪皆從身體來，有心，有自
覺，有主宰，為身體之主，自然不
貪。餘無多囑。祖父手字
一九八一年七月十二日

1981 年梁漱溟先生写给最小的孙子梁钦宁的信，教育他“为人要堂堂正正、顶天立地、俯仰无愧”，“不贪”

梁漱溟简介

(1893—1988)

梁先生名焕鼎，原字漱冥，后以漱溟字行，原籍广西桂林，后举家移居北京。幼时瘠弱，又多罹灾病，八岁入北京中西小学堂，十四岁进北京顺天中学。尝自言：“儿时甚笨，独个性强”，“二十岁前，鄙薄学问，视学问为不急之务”。

顺天中学毕业后，入直隶法政学堂，后任职司法部秘书。从1911年至1915年这段期间，系完全平静下来自修思考的第一时期。期间发表《究元决疑论》于《东方杂志》，该文发表后引起学界瞩目，北京大学校长蔡元培乃聘先生至北大，讲授印度哲学课程。1918年出版《印度哲学概论》。

1921年，时年二十九岁，这是他一生治学的转捩点。二十九岁前，走的是佛家出世思想的道路，在此之后才归转于儒家入世的思想。经过这番思想的转折，于1922年出版《东西文化及其哲学》，在当时激越澎湃的五四新文化运动中，表明其对文化问题的态度与立场。指出西洋、中国、印度三种文化，系出于三种不同的人生态度：西洋人肯定现实生活向前要求，中国人肯定现世生活融融自得，印度人则否认现世生活向后要求。三家文化的路向根本不同。而且预言，西方将逐渐由向前的态度而趋于中国持中调和的态度，因此对中国文化寄以无限乐观的期待。

1924年，辞北大教席，至山东省筹办学校，把更多的心力与时间皆奉献于乡村建设的救国途径。认为两千年来中国社会结构的特殊性，以“伦理本位、职业分途”八字可以尽括。由于理性早启，导致中国文化的早熟，盘旋而不能复进，如果没有外力进门推助，势将长此终古。而要重振这种精神衰败沉闷的困境，认为唯有从乡村建设入手。所谓乡村建设即新社会组织建设，要建设一个正常形态的人类社会。且相信，政治问题的解决，必须从社会关系的调整着手。这段期间陆续出版《漱溟卅前文录》《漱溟卅后文录》《中国民族自救运动之最后觉悟》《乡村建设理论》等著作。

从1946年冬至1949年，为完全静下来自修思考的第三期。1949年，撰成《中国文化要义》一书，分析老中国社会的诸种特征，企望于从历史、文化的根源，谋求中国问题的解决，“认识老中国、建设新中国”，为他毕生追求努力的目标。

我的自学小史*

序言

我想我的一生正是一自学的极好实例。若将我自幼修学，以至在这某些学问上“无师自通”的经过，叙述出来给青年朋友，未始无益。于是着手来写《我的自学小史》。

学问必经自己求得来者，方才切实有受用。反之，未曾自求者就不切实，就不会受用。

俗语有“学来的曲儿唱不得”一句话，便是说：随着师傅一板一眼地模仿着唱，不中听的。必须将所唱曲调吸收融会在自家生命中，而后自由自在地唱出来，才中听。学问和艺术是

---

* 原编者注：《我的自学小史》是梁漱溟先生五十岁（1942 年）的时候开始写的。最初只写了十一节，第十二至第十五节为 1974 年补写，第十六、十七、十八三节，为近年补完。

一理；知识技能未到融于自家生命而打成一片地步，知非真知，能非真能。真不真，全看是不是自己求得的。一分自求，一分真得；十分自求，十分真得。“自学”这话，并非为少数未得师承的人而说；一切有师傅教导的人，亦都非自学不可。不过比较地说，没有师承者好像“自学”意味更多就是了。

像我这样，以一个中学生而后来任大学讲席者，固然多半出于自学。还有我们所熟识的大学教授，虽受过大学专门教育，而以兴趣转移及机缘凑巧，却不在其所学本行上发挥，偏喜任教其他学科者，多有其人；当然亦都是出于自学。即便是大多数始终不离其本学门的学者，亦没有人只守着当初学来那一些，而不是得力于自己进修的。我们相信，任何一个人的学问成就，都是出于自学。学校教育不过给学生开一个端，使他更容易自学而已。青年于此，不可不勉。

此外我愿指出的是，我虽自幼不断地学习以至于今，然却不着重在书册上，而宁在我所处时代环境一切见闻。我还不是为学问而学问者，而大抵为了解决生活中亲切实际的问题而求知。因此在我的自学小史上，正映出了五十年来之社会变动、时代问题。倘若以我的自述为中心线索，而写出中国最近五十年变迁，可能是很生动亲切的一部好史料。现在当然不是这样写，但仍然可以让青年朋友得知许多过去事实，而了然于今天他所处社会的一些背景。

一、我生在这样一个家庭

距今五十年前，我生于北京。那是清光绪十九年癸巳，西历 1893 年，亦即甲午中日大战前一年。甲午之战是中国近百年史中最大关节，所有种种剧烈变动皆由此起来。而我的大半生，恰好是从那一次中日大战到这一次中日大战度过的。

我家原是桂林城内人。但从祖父离开桂林，父亲和我们一辈便都生长在北京了。母亲亦是生在北方的；而外祖张家则是云南大理人，自从外祖父离开云南后，没有回去过。祖母又是贵州毕节刘家的。在中国说：南方人和北方人不论气质上或习俗上都颇有些不同的。因此，由南方人来看我们，则每当成我们是北方人；而在当地北方人看我们，又以为是来自南方的了。我一家人，兼有南北两种气息，而富于一种中间性。

从种族血统上说，我们本是元朝宗室。中间经过明清两代五百余年，不但旁人不晓得我们是蒙古族，即便自家不由谱系上查明亦不晓得了。在几百年和汉族婚姻之后的我们，融合不同的两种血统，似亦具一中间性。

从社会阶级成分上说，曾祖、祖父、父亲三代都是从前所谓举人或进士出身而做官的。外祖父亦是进士而做官的。祖母、母亲都读过不少书，能为诗文。这是所谓“书香人家”或“世宦之家”。但曾祖父做外官（对京官而言）卸任，无钱而有债。祖父来还债，债未清而身故。那时我父亲只七八岁，靠祖母开蒙馆教几个小学生度日，真是寒苦之极。父亲稍长到十九岁，便在“义学”中教书，依然寒苦生活，世宦习气于此打落干净；市井琐碎，民间疾苦，倒亲身尝历的；四十岁方入仕途，又总未得意，景况没有舒展过。因此在生活习惯上意识上，并未曾将我们后辈限于某一阶级中。

父母生我们兄妹四人。我有一个大哥，两个妹妹。大哥留学日本明治大学商科毕业。两妹亦于清朝最末一年毕业于“京师女子初级师范学堂”。我们的教育费，常常是变卖母亲妆奁而支付的。

像这样一个多方面荟萃交融的家庭，住居于全国政治文化中心的北京，自无偏僻固陋之患，又遭逢这样一个变动剧烈的时代，见闻既多，是很便于自学的。

二、我的父亲

遂成我之自学的，完全是我父亲。所以必要叙明我父亲之为人和他对我的教育。

吾父是一秉性笃实的人，而不是一天资高明的人。他做学问没有过人的才思；他做事情更不以才略见长。他与母亲一样天生的忠厚；只他用心周匝细密，又磨炼于寒苦生活之中，好像比别人能干许多。他心里相当精明，但很少见之于行事。他最不可及处，是意趣超俗，不肯随俗流转，而有一腔热肠，一身侠骨。

因其非天资高明的人，所以思想不超脱。因其秉性笃实而用心精细，所以遇事认真。因为有豪侠气，所以行为只是端正，而并不拘谨。他最看重事功，而不免忽视学问。前人所说“不耻恶衣恶食，而耻匹夫匹妇不被其泽”的话，正好点出我父一副心肝。——我最初的思想和做人，受父亲影响，亦就是这么一路（尚侠、认真、不超脱）。

父亲对我完全是宽放的。小时候，只记得大哥挨过打，这亦是很少的事。我则在整个记忆中，一次亦没有过。但我似乎并不是不“该打”的孩子。我是既呆笨，又执拗的。他亦很少正言厉色地教训过我们。我受父亲影响，并不是受了许多教训，而毋宁说是受一些暗示。我在父亲面前，完全不感到一种精神上的压迫。他从未以端凝严肃的神气对儿童或少年人。我很早入学堂，所以亦没有从父亲受读。

十岁前后（七八岁至十二三岁）所受父亲的教育，大多是下列三项：一是讲戏，父亲平日喜看京戏，即以戏中故事情节讲给儿女听。一是携同出街，购买日用品，或办一些零碎事；其意盖在练习经理事物，懂得社会人情。一是关于卫生或其他的许多嘱咐；总要儿童知道如何照料自己身体。例如：

正当出汗之时，不要脱衣服；待汗稍止，气稍定再脱去。

不要坐在当风地方，如窗口、门口、过道等处。

太热或太冷的汤水不要喝，太燥太腻的食物不可多吃。

光线不足，不要看书。

诸如此类之嘱告或指点，极其多，并且随时随地不放松。

还记得九岁时，有一次我自己积蓄的一小串钱（那时所用铜钱有小孔，例以麻线贯串之），忽然不见。各处寻问，并向人吵闹，终不可得。隔一天，父亲于庭前桃树枝上发现之，心知是我自家遗忘，并不责斥，亦不喊我来看。他却在纸条上写了一段文字，大略说：

一小儿在桃树下玩耍，偶将一小串钱挂于树枝而忘之。到处向人寻问，吵闹不休。次日，其父亲打扫庭院，见钱悬树上，乃指示之。小儿始自知其糊涂云云。

写后交与我看，亦不作声。我看了，马上省悟跑去一探即得，不禁自怀惭意。——即此事亦见先父所给我教育之一斑。

到十四岁以后，我胸中渐渐自有思想见解，或发于言论，或见之行事。先父认为好的，便明示或暗示鼓励，他不同意的，让我晓得他不同意而止，却从不干涉。十七八九岁时，有些关系颇大之事，他仍然不加干涉，而听我去。就在他不干涉之中，成就了我的自学。那些事例，待后面即可叙述到。

三、一个瘠弱而又呆笨的孩子

我自幼瘠瘦多病，气力微弱；未到天寒，手足已然不温。亲长皆觉得，此儿怕不会长命的。五六岁时，每患头晕目眩，一时天旋地转，坐立不稳，必须安卧始得；七八岁后，虽亦跳掷玩耍，总不如人家活泼勇健。在小学里读书，一次盘杠子跌下地来，用药方才复苏，以后更不敢轻试。在中学时，常常看着同学打球踢球，而不能参加。人家打罢踢罢了，我方敢一个人来试一试。又因为爱用思想，神情颜色皆不像一个少年。同学给我一个外号“小老哥”。——广东人呼小孩原如此的；但北京人说来，则是嘲笑话了。

却不料后来，年纪长大，我倒很少生病。三十以后，愈见坚实；寒暖饥饱，不以为意。素食至今满三十年，亦没有什么营养不足问题。每闻朋友同侪或患遗精，或患痔血，或胃病，或脚气病；在我一切都没有。若以体质精力来相较，反而为朋辈所不及。久别之友，十几年以至二十几年不相见者，每都说我现在还同以前一个样子，不见改变，因而人多称赞我有修养。其实，我亦不知道我有什么修养。不过平生嗜欲最淡，一切无所好。同时，在生活习惯上，比较旁人多自知注意一点罢了。

小时候，我不但瘠弱，并且很呆笨的。约莫六岁了，自己还不会穿裤子。因裤上有带条，要从背后系引到前面来，打一结扣，而我不会。一次早起，母亲隔屋喊我，为何还不起床。我大声气愤地说：妹妹不给我穿裤子呀！招引得家里人都笑了。原来天天要妹妹替我打这结扣才行。

十岁前后，在小学里的课业成绩，比一些同学都较差。虽不是极劣，总是中等以下。到十四岁入中学，我的智力乃见发达，课业成绩间有在前三名者。大体说来，我只是平常资质，没有过人之才。在学校时，不算特别勤学；出学校后，亦未用过苦功。只平素心理上，自己总有对自己的一种要求，不肯让一天光阴随便马虎过去。

四、经过两度家塾四个小学

我于六岁开始读书，是经一位孟老师在家里教的。那时课儿童，入手多是《三字经》《百家姓》，取其容易上口成诵。接着就要读四书五经了。我在《三字经》之后，即读《地球韵言》，而没有读四书。《地球韵言》一书，现在恐已无处可寻得。内容多是一些欧罗巴、亚细亚、太平洋、大西洋之类；作于何人，我亦记不得了。

说起来好似一件奇特事，就是我对于四书五经至今没有诵读过，只看过而已。这在同我一般年纪的人是很少的。不读四书，而读《地球韵言》，当然是出于我父亲的意思。他是距今四十五年前，不主张儿童读经的人。这在当时自是一破例的事。为何能如此呢？大约由父亲平素关心国家大局，而中国当那些年间恰是外侮日逼。例如：

清咸丰十年（西历1860年）英法联军陷天津，清帝避走热河。

清光绪十年（西历1884年）中法之战，安南（今越南）被法国占去。

又光绪十二年（西历1886年）缅甸被英国侵占。

又光绪二十年（西历1894年）中日之战，朝鲜被日本占去。

又光绪二十一年（西历1895年）台湾割让给日本。

又光绪二十三年（西历1897年）德国占胶州湾（青岛）。

又光绪二十四年（西历1898年）俄国强索旅顺、大连。

在这一串事实之下，父亲心里激动很大。因此他很早倾向变法维新。在他的日记中有这样一段话：

却有一种为清流所鄙，正人所斥，洋务西学新出各书，断不可以不看。盖天下无久而不变之局，我只力求实事，不能避人讥讪也。（光绪十年四月初六日日记，论读书次第缓急）

到光绪二十四年，就是我开蒙读书这一年，正赶上光绪帝变法维新。停科举，废八股，皆他所极端赞成；不必读四书，似基于此。只惜当时北京尚无学校可入。而《地球韵言》则是便于儿童上口成诵，四字一句的韵文，其中略说世界大势，就认为很合用了。

次年我七岁，北京第一个“洋学堂”（当时市井人都如此称呼）出现，父亲便命我入学。这是一位福建陈先生创办的，名曰“中西小学堂”。现在看来，这名称似乎好笑。大约当时系因其既念中文，又念英文之故。可惜我从那幼小时便习英文而到现在亦没有学好。

八岁这一年，英文念不成了。这年闹“义和团”——后来被称为拳匪——专杀信洋教（基督教）或念洋书之人。我们只好将《英文初阶》《英文进阶》（当时课本）一齐烧毁。后来因激起欧美日本八国联军入北京，清帝避走陕西，历史上称为“庚子之变”。

庚子之变后，新势力又抬头，学堂复兴。九岁，我入“南横街公立小学堂”读书。十岁，改入“蒙养学堂”，读到十一岁。十二岁十三岁，又改在家里读书，是联合几家亲戚的儿童，请一位奉天刘先生（讷）教的。十三岁下半年到十四岁上半年，又进入“江苏小学堂”——这是江苏旅居北京同乡会所办。

因此，我在小学时代前后经过两度家塾四个小学。这种求学得不到安稳顺序前进，是与当时社会之不安、学制之无定有关系的。

五、从课外读物说到我的一位父执

我的自学，最得力于杂志报纸。许多专门书或重要典籍之阅读，常是从杂志报纸先引起兴趣和注意，然后方觅它来读的。即如中国的经书以至佛典，亦都是如此。其他如社会科学各门的书，更不待言。因为我所受学校教育，从上面说的小学及后面说的中学而止，而这些书典都是课程里没有的。同时我又从来不勉强自己去求学问，做学问家；所以非到引起兴趣和注意，我不去读它的。——我之好学是到真“好”才去“学”的，而对某方面学问之兴趣和注意，总是先借杂志报纸引起来。

我的自学作始于小学时代。奇怪的是在那样新文化初初开荒时候，已有人为我准备了很好的课外读物。这是一种《启蒙画报》，和一种《京话日报》。创办人是我的一位父执，而且是对于我关系深切的一位父执。他的事必须说一说。

他是彭翼仲先生（诒孙），苏州人而长大在北京。祖上状元宰相，为苏州世家巨族。他为人豪侠勇敢，其慷爽尤为可爱。论体魄，论精神，俱不似苏州人，却能说苏州话。他是我的谱叔，因他与我父亲结为兄弟之交，而年纪小于我父。他又是我的姻丈，因我大哥是他的女婿，他的长女便是我的长嫂。他又是我的老师，因前说之“启蒙学堂”就是他主办的，我在那里从学于他。

他的脾气为人（豪侠勇敢）和环境机缘（家住江南、邻近上海得与外面世界相通），就使他必然成为一个爱国志士维新先锋。距今四十年前（1902 年），他在当时全国首都——北京——创办了第一家报纸（严格讲，它是第二家。1901 年先有《顺天时报》出版。但《顺天时报》完完全全为日本人所办。但就中国人自办者说，它是第一家，广东人朱淇所办《北京日报》为第二家）。当时草创印刷厂，还是请来日本工人作工头的。蒙养学堂和报馆印刷厂都在一个大门里，内部亦相通。我们小学生常喜欢去看他们印刷排版。

彭公手创报纸，计共三种。我所受益的是《启蒙画报》；于北方社会影响最大的，乃是《京话日报》；使他自身得祸的，则是《中华报》。

《启蒙画报》最先出版。它是给十岁上下的儿童阅看的。内容主要是科学常识，其次是历史掌故、名人轶事，再则如“伊索寓言”一类的东西亦有；却少有今所谓“童话”者。例如天文、地理、博物、格致（“格物致知”之省文，当时用为物理化学之总名称）、算学等各门都有。全是白话文，全有图画（木板雕刻无彩色）。而且每每将科学撰成小故事来说明。讲到天象，或以小儿不明白，问他的父母，父母如何解答来讲。讲到蚂蚁社会，或用两兄弟在草地上玩耍所见来讲。算学题以一个人做买卖来讲。诸如此类，儿童极其爱看。历史如讲太平天国，讲“平定”新疆等等。就是前二年的庚子变乱，亦作为历史，剖讲甚详。名人轶事如司马光、范仲淹很多古人的事，以至外国如拿破仑、华盛顿、大彼得、俾斯麦、西乡隆盛等等都有。那便是长篇连载的故事了。图画为永清刘炳堂（用烺）先生所绘。刘先生极有绘画天才，而不是旧日文人所讲究之一派。没有学过西洋画，而他自得西画写实之妙。所画西洋人尤为神肖，无须多笔细描而形象逼真。计出版首尾共有两年之久。我从那里面不但得了许多常识，并且启发我胸中很多道理，一直影响我到后来。我觉得近若干年所出儿童画报，都远不及它。

《启蒙画报》出版不久，就从日刊改成旬刊（每册约三十多页），而别出一小型日报，就是《京话日报》，内容主要是新闻和论说。新闻以当地（北京）社会新闻占三分之二，还有三分之一是“紧要新闻”，包括国际国内重大事情。论说多半指陈社会病痛，或鼓吹一种社会运动，甚有推动力量，能发生很大影响，绝无敷衍篇幅之作。它以社会一般人为对象，而不是给“上流社会”看的。因为是白话，所以我们儿童亦能看，只不过不如对《启蒙画报》之爱看。

当时风气未开，社会一般人都没有看报习惯。虽取价低廉，而一般人家总不乐增此一种开支。两报因此销数都不多。而报馆全部开支却不小。自那年（1902 年）春天到年尾，从开办设备到经常费用，彭公家产已赔垫干净，并且负了许多债。年关到来，债主催逼，家中妇女怨谪，彭公忧煎之极，几乎上吊自缢。本来创办之初，我父亲实赞助其事，我家财物早已随着赔送在内；此时还只有我父亲援救他。后来从父亲日记和银钱摺据上批注中，见出当时艰难情形和他们做事动机之纯洁伟大。——他们一心要开发民智，改良社会。这是由积年对社会腐败之不满，又加上庚子（1900 年）亲见全国上下愚昧迷信不知世界大势，几乎招取亡国大祸，所激动的。

这事业屡次要倒闭，终经他们坚持下去，最后居然得到亨通，到第三年，报纸便发达起来了。然主要还是由于鼓吹几次运动，报纸乃随运动之扩大而发达。一次是东交民巷（各国使馆地界）一个外国兵，欺侮中国贫民，坐人力车不给钱，车夫索钱，反被打伤。《京话日报》一面在新闻栏详记其事，一面连日著论表示某国兵营如何要惩戒要赔偿才行，并且号召所有人力车夫联合起来，事情不了结，遇见某国兵就不给车子乘坐。事为某国军官所闻，派人来报馆查询，要那车夫前去质证。那车夫胆小不敢去，彭公即亲自送他去。某国军官居然惩戒兵丁而赔偿车夫。此事虽小，而街谈巷议，轰动全城，报纸销数随之陡增。另一次是美国禁止华工入境，并对在美华工苛待。《京话日报》就提倡抵制美货运动。我还记得我们小学生亦在通衢闹市散放传单，调查美货等等。此事在当时颇为新颖，人心殊见振奋，运动亦扩延数月之久。还有一次反对英属非洲虐待华工，似在这以前，还没有这次运动热烈。最大一次运动，是国民捐运动。这是由报纸著论，引起读者来函讨论，酝酿颇久而后发动的。大意是为庚子赔款四万万两，分年偿付，为期愈延久，本息累积愈大；迟早总是要国民负担，不如全体国民自动一次拿出来。以全国四万万人口计算，刚好每人出一两银子，就可以成功。这与后来民国初建时，南京留守黄克强（兴）先生所倡之“爱国捐”，大致相似。此时报纸销路已广，其言论主张已屡得社会拥护。再标出这大题目来，笼罩到每一个人身上，其影响之大真是空前。自车夫小贩、妇女儿童、工商百业以至文武大臣、皇室亲王，无不响应。后因彭公获罪，此事就消沉下去。然至辛亥革命时，在大清银行（今中国银行之前身）尚存有国民捐九十几万银两。计算捐钱的人数，要在几百万以上。

报纸的发达，确实可惊。不看报的北京人，几乎变得家家看报，而且发展到四乡了。北方各省各县，像奉天黑龙江（东）、陕西甘肃（西）那么远，都传播到。同时亦惊动了清廷。西太后和光绪帝都遣内侍传旨下来，要看这报。其所以这样发达，亦是有缘故的。因这报纸的主义不外一是维新，一是爱国；浅近明白正切合那时需要。社会上有些热心人士，自动帮忙，或多购报纸沿街张贴，或出资设立“阅报所”、“讲报处”之类。还有被人呼为“醉郭”的一位老者，原以说书卖卜为生。他改行，专门讲报，作义务宣传员。其他类此之事不少。

《中华报》最后出版。这是将《启蒙画报》停了才出的。在版式上，不是单张的而是成册的。内容以论政为主，文体是文言文。这与《京话日报》以“大众”为对象的，当然不同了。似乎当年彭公原无革命意识，而此报由其妹婿杭辛斋先生（慎修，海宁人）主笔，他却算是革命党人。我当时学力不够看这个报，对它没有兴趣，所以现在不大能记得其言论主张如何。

到光绪三十二年（1907 年），《中华报》出版有一年半以上，《京话日报》则届第五年，清政府逮捕彭杭二公并封闭报馆。其实彭公被捕，此已是第二次，不过在我的自学史内不必叙他太多了。这次罪名，据巡警部（如今之内政部）上奏清廷，是“妄论朝政、附和匪党”。杭公定罪是递解回籍，交地方官严加管束；彭公是发配新疆，监禁十年。其内幕真情，是为袁世凯在其北洋营务处（如今之军法处）秘密诛杀党人，《中华报》予以揭出之故。

后来革命，民国成立，举行大赦，彭公才得从新疆回来。《京话日报》于是恢复出版。不料袁世凯帝制，彭公不肯附和，又被封闭。袁倒以后再出版。至民国十年，彭公病故，我因重视它的历史还接办一个时期。

六、自学的根本

在上边叙述了我的父亲，又叙述了我的一位父执，意在叙明我幼年之家庭环境和最切近之社会环境。关于这环境方面，以上只是扼要叙述，未能周详。例如我母亲之温厚明通，赞助我父亲和彭公的维新运动，并提倡女学，自己参加北京初创第一间女学校“女学传习所”担任教员等类事情都未及说到。然读者或亦不难想象得之。就从这环境中，给我种下了自学的根本：一片向上心。

一方面，父亲和彭公他们的人格感召，使我幼稚的心灵隐然萌露对社会对国家的责任感，而鄙视那种世俗谋衣食求利禄的“自了汉”生活。另一方面，在那维新前进的空气中，自具一种迈越世俗的见识主张，使我意识到世俗之人虽不必是坏人，但缺乏眼光见识那就是不行的；因此，一个人必须力争上游。所谓一片向上心，大抵在当时便是如此。

这种心理，可能有其偏弊；至少不免流露了一种高傲神情。若从好一方面来说，这里面固含蓄得一点正大之气和一点刚强之气。——我不敢说得多，但至少各有一点。我自省我终身受用者，似乎在此。

特别是自十三四岁开始，由于这向上心，我常有自课于自己的责任，不论何事，很少需要人督迫。并且有时某些事，觉得不合我意见，虽旁人要我做，我亦不做。十岁时爱看《启蒙画报》《京话日报》，几乎成瘾，固然已算是自学，但真的自学，必从这里（向上心）说起。所谓自学应当就是一个人整个生命的向上自强，要紧在生活中有自觉。单是求知识，却不足以尽自学之事。在整个生命向上自强之中，包括了求知识。求知识发我们的智慧识见，但它并不是一种目的。有智慧识见发出来，就是生命向上自强之效验，就是善学。假若求知识以致废寝忘食，身体精神不健全，甚至所知愈多头脑愈昏，就不得为善学。有人说“活到老，学到老”一句话，这观念最正确。这个“学”显然是自学，同时这个“学”显然就是在说一切做人做事而不止于求些知识。

自学最要紧是在生活中有自觉。读书不是第一件事；第一件事，却是照顾自己身体而如何善用它。——用它来做种种事情，读书则其一种。可惜这个道理，我只在今天乃说得出，当时亦不明白的。所以当时对自己身体照顾不够，例如：爱静中思维，而不注意身体应当活动；饮食、睡眠、工作三种时间没有好的分配调整；不免有少年斫丧身体之不良习惯（手淫）。所幸者，从向上心稍知自爱，还不是全然不照顾它。更因为有一点正大刚强之气，耳目心思向正面用去，下流毛病自然减少。我以一个孱弱多病的体质，到后来慢慢转强，很少生病，精力且每比旁人略优，其故似不外：

一、我虽讲不到修养，然于身体少斫丧少浪费；虽至今对于身体仍愧照顾不够，但似比普通人略知照顾。

二、胸中恒有一股清刚之气，使外面病邪好像无隙可乘。——反之，偶尔患病，细细想来总是先由自己生命失其清明刚劲、有所疏忽而致。

又如我自幼呆笨，几乎全部小学时期皆不如人；自十四岁虽变得好些，亦不怎样聪明。讲学问，又全无根底。乃后来亦居然滥侧学者之林，终幸未落于庸劣下愚，反倒受到社会的过奖过爱。此其故，要亦不外：

一、由于向上心，自知好学，虽没有用过苦功，亦从不偷懒。

二、环境好，机缘巧，总让我自主自动地去学，从没有被动地读过死书，或死读书。换句话说，无论旧教育（老式之书房教育），或新教育（欧美传来之学校教育），其毒害唯我受的最少。

总之，向上心是自学的根本，而今日我所有成就，皆由自学得来。古书《中庸》上有“虽愚必明，虽柔必强”两句话，恰好借用来说我个人的自学经过（原文第二句不指身体而言，第一句意义亦较专深，故只算借用）。

七、五年半的中学

我于十四岁那一年（1906 年）的夏天，考入“顺天中学堂”（地址在地安门外兵将局）。此虽不是北京最先成立的一间中学，却是与那最先成立的“五城中学堂”为兄弟者。“五城”指北京的城市；“顺天”指顺天府（京兆）。福建人陈璧，先为五城御史，创五城中学；后为顺天府尹，又设顺天中学。两个学堂的洋文总教习，同由王劭廉先生（天津人，与伍光建同留学英国海军）担任。汉文教习以福建人居多，例如五城以林纾（琴南）为主，我们则以一位跛腿陈先生（忘其名）为主。

当时学校初设，学科程度无一定标准。许多小学比今日中学程度还高，而那时的中学与大学似亦颇难分别。我的同班同学中竟有年纪长我近一倍者——我十四岁，他二十七岁。有好多同学虽与我们年纪小的同班受课，其实可以为我们的老师而有余。他们诗赋、古文词、四六骈体文都作得很好，进而讲求到“选学”《昭明文选》。不过因为求出路（贡生、举人、进士）非经过学堂不可，有的机会凑巧得入大学，有的不巧就入中学了。

今日学术界知名之士，如张申府（崧年）、汤用彤（锡予）诸位，皆是我的老同学。论年级，他们尚稍后于我；论年龄，则我们三人皆相同。我在我那班级上是年龄最小的。

当时学堂里读书，大半集中于英算两门。学生的精力和时间，都用在这上边。年长诸同学，很感觉费力；但我于此，亦曾实行过自学。在我那班上有四个人，彼此很要好。一廖福申（慰慈，福建），二王毓芬（梅庄，北京），三姚万里（伯鹏，广东），四就是我。我们四个都是年纪最小的——廖与王稍长一两岁。在廖大哥领导之下，我们曾结合起来自学。

这一结合，多出于廖大哥的好意。他看见年小同学爱玩耍不知用功，特来勉励我们。以那少年时代的天真，结合之初，颇具热情。我记得经过一阵很起劲的谈话以后，四个人同出去，到酒楼上吃螃蟹，大喝其酒。廖大哥提议彼此不用“大哥”“二哥”“三哥”那些俗气称谓相称，而主张以每个人的短处标出一字来，作为相呼之名，以资警惕。大家都赞成此议，就请他为我们一个个命名。他给王的名字，是“懦”；给姚的名字，是“暴”；而我的就是“傲”了。真的，这三个字都甚恰当。我是傲，不必说了。那王确亦懦弱有些妇人气；而姚则以赛跑跳高和足球擅长，原是一粗暴的体育大家。最后，他自名为“惰”。这却太谦了。他正是最勤学的一个呢！此大约因其所要求于自己的，总感觉不够之故；而从他自谦其惰，正可见出其勤来了。

那时每一班有一专任洋文教习，所有这一班的英文、数学、外国地理都由他以英文原本教授。这些位洋文教习，全是天津水师学堂出身，而王劭廉先生的门徒。我那一班是位吕先生（富永）。他们秉承王先生的规矩，教课认真，做事有军人风格。当然课程进行得并不慢，但我们自学的进度，总还是超过他所教的。如英文读本 *Carpenter's Reader*（亚洲之一本），先生教到全书的一半时，廖已读完全书，我亦能读到三分之二；纳氏英文文法，先生教第二册未完，我与廖研究第三册了；代数、几何、三角各书，经先生开一个头，廖即能自学下去，无待于先生教了。我赶不上他那样快，但经他携带，总亦走在先生教的前边。廖对于习题一个个都做，其所做算草非常清楚整齐悦目；我便不行了，本子上很多涂改，行款不齐，字迹潦草，比他显得忙乱，而进度反在他之后。廖自是一天才，非平常人之所及。[①]然从当年那些经验上，使我相信没有不能自学的功课。

同时廖还注意国文方面之自学。他在一个学期内，将一部《御批通鉴辑览》圈点完毕。因其为洋版书（当时对于木版书外之铜印、铅印、石印各书均作此称）字小，而每天都是在晚饭前划出一点时间来做的，天光不足，所以到圈点完功，眼睛变得近视了。这是他不晓得照顾身体，很可惜的。这里我与他不同。我是不注意国文方面的：国文讲义我照例不看；国文先生所讲，我照例不听。我另有我所用的功夫，如后面所述，而很少看中国旧书。但我国文作文成绩还不错，偶然亦被取为第一名。我总喜欢作翻案文章，不肯落俗套。有时能出奇制胜，有时亦多半失败。记得一位七十岁的王老师十分恼恨我。他在我作文卷后，严重地批着“好恶拂人之性，灾必逮夫身”的批语。而后来一位范先生偏赏识我。他给我的批语，却是“语不

① 廖君后来经清华大学送出游美，学铁路工程，曾任国内各大铁路工程师。

惊人死不休”。

十九岁那一年（1911年）冬天，我们毕业。前后共经五年半之久。本来没有五年半的中学制度，这是因为中间经过一度学制变更，使我们吃亏。

八、中学时期之自学

在上面好像已叙述到我在中学时之自学，如自学英文、数学等课，但我所谓自学尚不在此。我曾说了：

由于向上心，我常有自课于自己的责任，不论什么事很少要人督迫。……真的自学，必从这里说起。自学就是一个人整个生命的向上自强，要紧在生活中有自觉。

所以上节所述只是当年中学里面一些应付课业的情形，还没有当真说到我的自学。

真的自学，是由于向上心驱使我在两个问题上追求不已：一、人生问题；二、社会问题，亦可云中国问题。此两个问题互有关联之处，不能截然分开，但仍以分别言之为方便。从人生问题之追求，使我出入于西洋哲学、印度宗教、中国周秦宋明诸学派间，而被人看做是哲学家。从社会问题之追求，使我参加了中国革命，并至今投身社会运动。今届五十之年，总论过去精力，无非用在这两问题上面；今后当亦不出乎此。而说到我对此两问题如何追求，则在中学时期均已开其端。以下略述当年一些事实。

我很早就有我的人生思想。约十四岁光景，我胸中已有了一个价值标准，时时用以评判一切人和一切事。这就是凡事看它于人有没有好处和其好处的大小。假使于群于己都没有好处，就是一件要不得的事了。掉转来，若于群于己都有顶大好处，便是天下第一等事。以此衡量一切并解释一切，似乎无往不通。若思之偶有扞格窒碍，必辗转求所以自圆其说者。一旦豁然复有所得，便不禁手舞足蹈，顾盼自喜。此时于西洋之“乐利主义”、“最大多数幸福主义”、“实用主义”、“工具主义”等等，尚无所闻。却是不期而然，恰与西洋这些功利派思想相近。

这思想，显然是受先父的启发。先父虽读儒书，服膺孔孟，实际上其思想和为人却有极像墨家之处。他相信中国积弱全为念书人专务虚文，与事实隔得太远之所误，因此，平素最看不起做诗词做文章的人，而标出“务实”二字为讨论任何问题之一贯的主张。务实之“实”，自然不免要以“实用”、“实利”为其主要涵义。而专讲实用实利之结果，当然流归到墨家思想。不论大事小事，这种意思在他一言一动之间到处流露贯彻。其大大影响到我，是不待言的。

不过我父只是有他的思想见解而止，他对于哲学并没有兴趣。我则自少年时便喜欢用深思。所以就由这里追究上去，究竟何谓“有好处”？那便是追究“利”和“害”到底何所指，必欲分析它，确定它。于是就引到苦乐问题上来，又追究到底何谓苦，何谓乐。对于苦乐的研究，是使我探入中国儒家印度佛家的钥匙，颇为重要。后来所作《究元决疑论》[1]中，有论苦乐的一段尚可见一斑。而这一段话，却完全是十六七岁在中学时撰写的旧稿。在中学里，时时沉溺在思想中，亦时时记录其思想所得。这类积稿当时甚多，现在无存。

然在当时受中国问题的刺激，我对中国问题的热心似又远过于爱谈人生问题。这亦因当时在人生思想上，正以事功为尚之故。

当时——光绪末年宣统初年——正亦有当时的国难。当时的学生界，亦曾激于救国热潮而有自请练学生军的事，如“九一八”后各地学生之所为者。我记得我和同班同学雷国能兄，皆以热心这运动被推为代表，请求学堂监督给我们特聘军事教官，并发给枪支，于正课外加练军操，此是一例；其他像这类的事，当然很多。

为了救国，自然注意政治而要求政治改造。像民主和法治等观念，以及英国式的议会制度、政党政治，早在三十五年前成为我的政治理想。后来所作《我们政治上第一个不通的

① 《究元决疑论》为二十四岁时作，刊于《东方杂志》，后又收为东方文库之一单行小册。

路——欧洲近代民主政治的路》[①]，其中诠释近代政治的话，还不出中学时那点心得。——的确，那时对于政治自以为是大有心得的。

九、自学资料及当年师友

无论在人生问题上或在中国问题上，我在当时已能取得住在北中国内地的人所可能有的最好自学资料。我拥有梁任公先生主编的《新民丛报》壬寅、癸卯、甲辰三整年六巨册和《新小说》（杂志月刊）全年一巨册（以上约共五六百万言）。——这都是从日本传递进来的。还有其他从日本传递进来的或上海出版的书报甚多。此为初时（1907 年）之事。稍后（1910 年后）更有立宪派之《国风报》（旬刊或半月刊，在日本印行），革命派之上海《民立报》（日报），按期陆续收阅。——这都是当时内地寻常一个中学生，所不能有的丰富资财。

《新民丛报》一开头有任公先生著的《新民说》，他自署即曰“中国之新民”。这是一面提示了新人生观，又一面指出中国社会应该如何改造的；恰恰关系到人生问题中国问题的双方，切合我的需要，得益甚大。任公先生同时在报上有许多介绍外国某家某家学说的著作，使我得以领会不少近代西洋思

① 此文见于《中华民族自救运动之最后觉悟》，中华书局出版。

想。他还有关于古时周秦诸子以至近世明清大儒的许多论述，意趣新而笔调健，皆足以感发人。此外有《德育鉴》一书，以立志、省察、克己、涵养等分门别类，辑录先儒格言（以宋明为多），而任公自加按语跋识。我对于中国古人学问之最初接触，实资于此。虽然现在看来，这书是无足取的，然而在当年却给我的助益很大。这助益，是在生活上，不徒在思想上。

《新民丛报》除任公先生自作文章约占十分之二外，还有其他人如蒋观云先生（智由）等等的许多文章和国际国内时事记载等，约居十分之八，亦甚重要。这些能助我系统地了解当日时局大势之过去背景。因其所记壬寅、癸卯、甲辰（1902—1904 年）之事正在我读它时（1907—1909 年）之前也。由于注意时局，所以每日报纸如当地之《北京日报》《顺天时报》《帝国日报》等，外埠之《申报》《新闻报》《时报》等，都是我每天必不可少的读物。谈起时局来，我都很清楚，不像普通一个中学生。

《国风报》上以谈国会制度、责任内阁制度、选举制度、预算制度等文章为多；其他如国库制度、审计制度，乃至银行货币等问题，亦常谈到。这是因为当时清廷筹备立宪，各省咨议局亦有联合请愿开国会的运动，各省督抚暨驻外使节在政治上亦有许多建议，而梁任公一派人隐然居于指导地位，即以《国风报》为其机关报。我当时对此运动亦颇热心，并且学习了近代国家法制上许多知识。

革命派的出版物，不如立宪派的容易得到手。然我终究亦得到一些。有《立宪派与革命派之论战》一厚册，是将梁任公和胡汉民（展堂）、汪精卫等争论中国应行革命共和抑行君主立宪的许多文章，搜集起来合印的；我反复读之甚熟。其他有些宣传品主于煽动排满感情的，我不喜读。

自学条件，书报资料固然重要，而朋友亦是重要的。在当时，我有两个朋友必须说一说。

一是郭人麟（一作仁林），字晓峰，河北乐亭县人。他年长于我二岁，而班级则次于我。他们一班，是学法文的；我们则学英文。因此虽为一校同学，朝夕相见，却无往来。郭君颜貌如好女子，见者无不惊其美艳，而气敛神肃，眉宇间若有沉忧；我则平素自以为是，亦复神情孤峭。彼此一直到第三年方始交谈。但经一度交谈之后，我思想上竟发生极大变化。

我那时自负要救国救世，建功立业，论胸襟气概似极其不凡；实则在人生思想上，是很浅陋的。对于人生许多较深问题，根本未曾理会到。对于古今哲人高明一些的思想，不但未加理会，并且拒绝理会之。盖受先父影响，抱一种狭隘功利见解，重事功而轻学问。具有实用价值的学问，还知注意；若文学，若哲学，则直认为误人骗人的东西而排斥它。对于人格修养的学问，感受《德育鉴》之启发，固然留意；但意念中却认为“要做大事必须有人格修养才行”，竟以人格修养作方法手段看了。似此偏激无当浅薄无根的思想，早应当被推翻。无如一般人多半连这点偏激浅薄思想亦没有。尽他们不同意我，乃至驳斥我，其力量却不足以动摇我之自信。恰遇郭君，天资绝高，思想超脱，虽年不过十八九而学问几如老宿。他于老、庄、《易经》、佛典皆有心得，而最喜欢谭嗣同的“仁学”。其思想高于我，其精神亦足以笼罩我。他的谈话，有时嗤笑我，使我惘然如失；有时顺应我要作大事业的心理而诱进我，使我心悦诚服。我崇拜之极，尊之为郭师，课暇就去请教，记录他的谈话订成一巨册，题曰“郭师语录”。一般同学多半讥笑我们，号之为“梁贤人、郭圣人”。

自与郭君接近后，我一向狭隘的功利见解为之打破，对哲学始知尊重，这在我的思想上，实为一绝大转进。那时还有一位同学陈子方，年纪较我们都大，班级亦在前，与郭君为至好。我亦因郭而亲近之。他的思想见解、精神气魄，在当时亦是高于我的，我亦同受其影响。现在两君都不在人世了。①

另一朋友是甄元熙，字亮甫，广东台山县人。②他年纪约长我一二岁，与我为同班，却是末后插班进来的。本来陈与郭在中国问题上皆倾向革命，但非甚积极。甄君是从（1910年）广州上海来北京的，似先已与革命派有关系。我们彼此同是对

① 陈故去约二十多年，知其人者甚少。郭与李大钊（守常）为乡亲，亦甚友好，曾在北大图书馆做事。张绍曾为国务总理时，曾一度引为国务院秘书。今故去亦有十年。

② 甄君民国八九年间，在广东曾任大元帅府秘书，后来去国到美洲。今似在旧金山办报。

时局积极的，不久成了很好的朋友。

但彼此政见不大相同。甄君当然是一革命派。我只热心政治改造，而不同情排满。在政治改造上，我又以英国式政治为理想，否认君主国体民主国体在政治改造上有什么等差不同。转而指责民主国，无论为法国式（内阁制），抑美国式（总统制），皆不如英国政治之善。——此即后来辛亥革命中，康有为所唱“虚君共和论”。在政治改造运动上，我认为可以用种种手段，而莫妙于俄国虚无党人的暗杀办法。这一面是很有效的，一面又破坏不大，免遭国际干涉。这些理论和主张，不待言是从立宪派得来的；然一点一滴皆经过我的往复思考，并非一种学舌。我和甄君时常以此作笔战，亦仿佛梁（任公）、汪（精卫）之所为；不过他们在海外是公开的，我们则不敢让人知道。

后来清廷一天一天失去人心，许多立宪派人皆转而为革命派，我亦是这样。中学毕业期近，武昌起义爆发，到处人心奋动，我们在学堂里更呆不住。其时北京的、天津的和保定的学生界秘密互有联络，而头绪不一。适清廷释放汪精卫。汪一面倡和议，一面与李石曾、魏宸组、赵铁桥等暗中组织京津同盟会。甄君同我即参加其中，是为北方革命团体之最大者。所有刺良弼、刺袁世凯和在天津暴动的事，皆出于此一组织。

十、初入社会

按常例说，一个青年应当是由“求学”到“就业”；但在近几十年的中国青年，却每每是由“求学”而“革命”。我亦是其中之一个。我由学校出来，第一步踏入广大社会，不是就了某一项职业而是参加革命。现在回想起来，这不免是一种太危险的事！

因为青年是社会的未成熟分子，其所以要求学，原是学习着如何参加社会，为社会之一员，以继成熟分子之后。却不料其求了学来革命。革命乃是改造社会。试问参加它尚虞能力不足，又焉得有改造它的能力？他此时缺乏社会经验，对于社会只有虚见（书本上所得）和臆想，尚无认识。试问认识不足，又何从谈到怎样改造呢？这明明是不行的事！无奈中国革命不是社会内部自发的革命，缺乏如西洋那种第三阶级或第四阶级由历史孕育下来的革命主力。中国革命只是最先感受到世界潮流之新学分子对旧派之争，全靠海外和沿海一带传播进来的世界思潮，以激动起一些热血青年，所以天然就是一种学生革命。幼稚、错误、失败都是天然不可免的事，无可奈何。

以我而说，那年不过刚足十八岁，自己的见识和举动，今日回想是很幼稚的。自己所亲眼见的许多人许多事，似都亦不免以天下大事为儿戏。不过青年做事比较天真，动机比较纯洁，则为后来这二三十年的人心所不及。——这是后来的感想，事实不具述。

清帝不久退位，暗杀暴动一类的事，略可结束。同人等多半在天津办报，为公开之革命宣传。赵铁桥诸君所办者，名曰“民意报”，以甄亮甫为首的我们一班朋友，所办的报则名“民国报”。当时经费很充足，每日出三大张，规模之大为北方首创。总编辑为孙炳文浚明兄（四川叙府人，民国十六年国民党以清党为借口将其杀害于上海）；我亦充一名编辑，并且还做过外勤记者。今日所用漱溟二字，即是当时一笔名，而且出于孙先生所代拟。

新闻记者，似乎是社会上一项职业了。但其任务在指导社会，实亦非一个初入社会之青年学生所可胜任。现在想来，我还是觉得不妥的。这或者是我自幼志大言大，推演得来之结果呢！报馆原来馆址设在天津，后又迁北京（顺治门外大街西面）。民国二年春间，中国同盟会改组中国国民党成立，《民国报》收为党本部之机关报，以汤漪主其事，我们一些朋友便离去了。

作新闻记者生活约一年余，连参与革命工作算起来，亦不满两周年。在此期间内，读书少而活动多，书本上的知识未见长进，而以与社会接触频繁之故，渐晓得事实不尽如理想。对于“革命”、“政治”、“伟大人物”……皆有“不过如此”之感。有些下流行径、鄙俗心理，以及尖刻、狠毒、凶暴之事，以前在家庭在学校所遇不到的，此时却看见了；颇引起我对于人生感到厌倦和憎恶。

在此期间，接触最多者当然在政治方面。前此在中学读书时，便梦想议会政治，逢着资政院开会（宣统二年、三年两度开会），必辗转恳托介绍旁听。现在是新闻记者，持有长期旁听证，所有民元临时参议院民二国会的两院，几乎无日不出入其间了。此外若同盟会本部和改组后的国民党本部，若国务院等处，亦是我踪迹最密的所在。还有共和建设讨论会（民主党之前身）和民主党（进步党的前身）的地方，我亦常去。当时议会内党派的离合，国务院的改组，袁世凯的许多操纵运用，皆映于吾目而了了于吾心。许多政治上人物，他不熟悉我，我却熟悉他。这些实际知识和经验，有助于我对中国问题之认识者不少。

十一、激进于社会主义

民国元年已有所谓社会党在中国出现。这是江亢虎（汪精卫之南京伪政府考试院副院长）在上海所发起的，同时他亦自居于党魁地位。那时北京且有其支部之成立，主持人为陈翼龙（后为袁世凯所杀）。江亦光绪庚子后北京社会上倡导维新运动之一人，与我家夙有来往，我深知其为人底细。他此种举动，完全出于投机心理。虽有些莫名其妙的人附和他，我则不睬。所有他们发表的言论，我都摒斥，不愿入目。我之倾向社会主义，不独与他们无关，而且因为憎恶他们，倒使我对社会主义隔膜了。

论当时风气，政治改造是一般人意识中所有；经济改造则为一般人意识中所无。仅仅“社会主义”这名词，偶然可以看到而已（共产主义一词似尚未见），少有人热心研究它。元年（1912年）八月，中国同盟会改组为国民党时，民生主义之被删除，正为一很好例证。同盟会会章的宗旨一条，原为“本会以巩固中华民国，实行民生主义为宗旨”；国民党党章则改为“巩固共和，实行平民政治”。这明明是一很大变动，旧日同志所不喜，而总理孙先生之不愿意，更无待言。然而毕竟改了。而且八月廿五日成立大会（在北京虎坊桥湖广会馆之剧场举行），我亦参加。我亲见孙总理和黄克强先生都出席，为极长极长之讲演，则终于承认此一修改，又无疑问。[①] 这固然见

---

① 以我个人记忆所及，此次改组，内部争执甚大。即在定议之后，犹复有人蓄意破坏。成立大会，似分在北京上海两地同时开会。沪会即因此哄争而散；北京方面以孙黄二公亲临，幸得终局。当时争点，一即删去民生主义，而于别一条文中列有民生政策；又一则同盟会原有女同志，而新党章不收女党员。当场有女同志唐群英、沈佩贞等起而质问，并直奔台上向宋教仁寻殴，台下亦有人鼓噪。唯赖总理临场讲演，以靖秩序。时值盛夏，天气炎热，总理话已讲完，左右频请续讲，以致拖长数小时之久，汗流满面。勉强散票选举，比将票收齐，已近天黑。自早晨八时开会，至此盖已一整天矣。在当时主持改组者，盖以为宪政之局已定，只求善于运用，远如欧美之产业发达，近如日本之经济建设，皆不难循序而进。此时只须实行社会政策，足防社会问题于未来，无唱社会主义之必要。而运用宪政则在政党。故改组即在泯除暴力革命秘密结社之本色，而化为宪政党国家之普通政党，俾与一般社会接近，以广结同志，多得选民也。

出总理之虚怀，容纳众人意见；而经济问题和社会主义之不为当时所理会，亦完全看出了。

我当时对中国问题认识不足，亦以为只要宪政一上轨道，自不难步欧美日本之后尘，为一近代国家。至于经济平等，世界大同，乃以后之事，现在用不到谈它。所见正与流俗一般无二。不过不久我忽然感触到“财产私有”是人群一大问题。

约在民国元年尾二年初，我偶然一天从家里旧书堆中，检得《社会主义之神髓》一本书，是日本人幸德秋水（日本最早之社会主义者，死于狱中）所著，而张溥泉（继）先生翻译的，光绪三十一年上海出版。此书在当时已嫌陈旧，内容亦无深刻理论。它讲到什么“资本家”、“劳动者”的许多话，亦不引起我兴味；不过其中有些反对财产私有的话，却印入我心。我即不断来思索这个问题。愈想愈多，不能自休。终至引我到反对财产私有的路上，而且激烈地反对，好像忍耐不得。

我发现这是引起人群中间生存竞争之根源。由于生存竞争，所以人们常常受到生活问题的威胁，不免于巧取豪夺。巧取，极端之例便是诈骗；豪夺，极端之例便是强盗。在这两大类型中包含各式各样数不尽的事例，而且是层出不穷。我们出去旅行，处处要提防上当受欺。一不小心，轻则损失财物，大则丧身失命。乃至坐在家里，受至亲至近之人所欺者，耳闻目见亦复不鲜。整个社会没有平安地方，说不定诈骗强盗从那里来。你无钱，便受生活问题的威胁；你有钱，又受这种种威胁。你可能饿死无人管，亦可能四周围的人都在那儿打算你！啊呀！这是什么社会？这是什么人生？——然而这并不新奇。财产私有，生存竞争，自不免演到这一步！

这在被欺被害的人，固属不幸而可悯；即那行骗行暴的人，亦太可怜了！太不像个“人”了！人类不应当这个样子！人间的这一切罪恶，社会制度（财产私有制度）实为之，不能全以责备那个人。若根源上不解决，徒以严法峻刑对付个人，囚之杀之，实在是不通的事。我们即从法律之禁不了，已可证明其不通与无用。

人间还有许多罪恶，似为当事双方所同意，亦且为法律所不禁的，如许多为了金钱不复计及人格的事。其极端之例，便是娼优。社会上大事小事，属此类型，各式各样亦复数之不尽。因为在这社会上，是苦是乐，是死是活，都决定于金钱。钱之为用，乃广大无边，而高于一切；拥有大量钱财之人，即不啻握有莫大权力，可以役使一切了。此时责备有钱的人，不该这样用他的钱；责备无钱的人，不该这样出卖自己，高倡道德，以勉励众人，我们亦徒见其迂谬可笑，费尽唇舌，难收效果而已！

此外还有法律之所许可，道德不及纠正，而社会无形予以鼓励的事。那便是经济上一切竞争行为。竞争之结果，总有许多落伍失败的人，陷于悲惨境遇，其极端之例，便是乞丐。那些不出来行乞，而境遇悲惨需人救恤者，同属这一类型。大抵老弱残废孤寡疾病的人，竞争不了，最容易落到这地步。我认为这亦是人间的一种罪恶。不过这种罪恶，更没有哪一个负其责，显明是社会制度的罪恶了。此时虽有慈善家举办慈善事业以为救济，但不从头理清此一问题，支支节节，又能补救得几何？

此时普及教育是不可希望的，公共卫生是不能讲的，纵然以国家力量勉强举办一些，无奈与其社会大趋势相反何？——大趋势使好多人不能从容以受教育，使好多人无法讲求卫生。社会财富可能以自由竞争而增进（亦有限度），但文化水准不见得比例地随以增高，尤其风俗习惯想要日进于美善，是不可能的。因根本上先失去人心的清明安和，而流于贪吝自私，再加以与普及教育是矛盾的，与公共卫生是矛盾的，那么，将只有使身体方面心理方面日益败坏堕落下去！

人类日趋于下流与衰败，是何等可惊可惧的事！教育家挽救不了；卫生家挽救不了；宗教家、道德家、哲学家都挽救不了。什么政治家、法律家更不用说。拔本塞源，只有废除财产私有制度，以生产手段归公，生活问题基本上由社会共同解决，而免去人与人间之生存竞争。——这就是社会主义了。

我当时对于社会主义所知甚少，却十分热心。其所以热心，便是认定财产私有为社会一切痛苦与罪恶之源，而不可忍地反对它。理由如上所说亦无深奥，却全是经自己思考而得。是年冬，曾撰成《社会主义粹言》一书（内容分十节，不过万二三千字），自己写于蜡纸，油印数十本赠人。今无存稿。唯在《漱溟卅前文录》中，有《槐坛讲演之一段》一篇，是民国十二年春间为曹州中学生所讲，讲到一点从前的思想。

那时思想，仅属人生问题一面之一种社会理想，还没有扣合到中国问题上。换言之，那时只有见于人类生活需要社会主义，却没有见出社会主义在中国问题上，有其特殊需要。

十二、出世思想

我大约从十岁开始即好用思想。其时深深感受先父思想的影响，若从今日名词言之，可以说在人生哲学上重视实际利害，颇暗合于中国古代墨家思想或西方近代英国人的功利主义。——以先父似未尝读墨子书，更不知有近代英国哲学，故云暗合。

大约十六七岁时，从利害之分析追问，而转入何谓苦何谓乐之研索，归结到人生唯是苦之认识，于是遽尔倾向印度出世思想了。十七岁曾拒绝母亲为我议婚，二十岁开始茹素，寻求佛典阅读，怀抱出家为僧之念，直至二十九岁乃始放弃。——放弃之由，将于后文第十八节言之。

按：1969 年秋间曾写有《自述早年思想之再转再变》一文，实为此节最好参考之资料，兹不烦重加述说。又关于苦乐问题之研索，则早年《究元决疑论》一文内有一段述说，可资参看。

十三、学佛又学医

我寻求佛典阅读之，盖始于民国初元，而萃力于民国三年前后。于其同时兼读中西医书。佛典及西医书均求之于当时琉璃厂西门的有正书局。此为上海有正书局分店。据闻在上海主其事者为狄葆贤，号平子，又号平等阁主，崇信佛法，《佛学丛报》每月一期，似即其主编。金陵刻经处刻出之佛典，以及常州等处印行之佛典，均于此流通，任人觅购。《佛学丛报》中有李证刚（翊灼）先生文章，当时为我所喜读。但因无人指教，自己于佛法大乘小乘尚不分辨，于各宗派更属茫然，遇有佛典即行购求，亦不问其能懂与否。曾记得“唯识”、“因明”各典籍最难通晓，暗中摸索，费力甚苦。

所以学佛又学医者，虽心慕金刚经所云“入城乞食”之古制，自度不能行之于今，拟以医术服务人民取得衣食一切所需也。恰好有正书局代售上海医学书局出版之西医书籍，因并购取读之。据闻此局主事者丁福保氏，亦好佛学，曾出版佛学辞典等书。丁氏狄氏既有同好，两局业务遂以相通。其西医各书系由日文翻译过来，有关于药物学、内科学、病理学、诊断学等著作十数种之多，我尽购取闭户研究。

中医古籍则琉璃厂各书店多有之。我所读者据今日回忆似以陈修园四十八种为主，从《黄帝内经》以至张仲景《伤寒》《金匮》各书均在其中。我初以为中西医既同以人身疾病为研究对象，当不难沟通，后乃知其不然。中西两方思想根本不同，在某些末节上虽可互有所取，终不能融合为一。其后既然放弃出家之想，医学遂亦置而不谈。

十四、父亲对我信任且放任

此节的最好参考资料是我所为《思亲记》一文（见先公遗书卷首）。吾父对我的教育既经叙述在第二节，今此节不外继续前文。其许多事实则具备于《思亲记》所记之中，兹分别概述如下：

父亲之信任于我，是由于我少年时一些思想行径很合父意，很邀嘉赏而来。例如我极关心国家大局，平素看轻书本学问而有志事功，爱读梁任公的《新民丛报》《德育鉴》《国风报》等书报，写作日记，勉励自己。这既有些像父亲年轻时所为，亦且正和当时父亲的心理相合。每于晚饭后谈论时事，我颇能得父亲的喜欢。又如父亲向来佩服胡林翼慷慨有担当，郭嵩焘识见不同于流俗，而我在读到《三名臣书牍》《三星使书牍》时，正好特别重视这两个人。这都是我十四五岁以至十九岁时的事情，后来就不同了。

说到父亲对我的放任，正是由于我的思想行动很不合父亲之意，且明示其很不同意于我，但不加干涉，让我自己回心转意。我不改变，仍然听任我所为，这便是放任了。

不合父意的思想行动是哪些呢？正如《思亲记》原文说的——

自（民国）元年以来谬慕释氏，语及人生大道必归宗天竺，策数世间治理则矜尚远西。于祖国风教大原，先民德礼之化顾不知留意。

实则时间上非始自民国元年，而早在辛亥革命时，我参加革命行动，父亲就明示不同意了，却不加禁止。革命之后，国会开会，党派竞争颇多丑剧，父亲深为不满，而我迷信西方政制，以为势所难免，事事为之辩护。虽然父子好谈时事一如既往，而争论剧烈，大伤父心。——此是一方面。

再一方面，就是我的出世思想，好读佛典，志在出家为僧，父亲当然大为不悦。但我购读佛书，从来不加禁阻。我中学毕业后，不愿升学，以至我不结婚，均不合父意，但均不加督促。只是让我知道他是不同意的而止。这种宽放态度，我今天想起来仍然感到出乎意料。同时，我今天感到父亲这样态度对我的成就很大，实在是意想不到的一种很好的教育。不过我当时行事亦自委婉，例如吃素一事（守佛家戒律）要待离开父亲到达西安时方才实行。所惜我终违父意，父在世之时坚不结婚；其后我结婚则父逝既三年矣。

十五、当年倾慕的几个人物

吾父放任我之所为，一不加禁，盖相信我是有志向上的人，非趋向下流，听其自己转变为宜。就在此放任之中，我得到机会大走自学之路，没有落于被动地受教育地步。大约从十四五岁到十八九岁一阶段，我心目中有几个倾慕钦佩的人物，分述如下：

梁任公先生当然是头一个。我从壬寅、癸卯、甲辰（1902—1904年）三整年的《新民丛报》学到很多很多知识，激发了志气，受影响极大。我曾写有纪念先生一文，可参看。文中亦指出了他的缺点。当年钦仰的人物，后来不满意，盖非独于任公先生为然。

再就是先舅氏张镕西先生耀曾，为我年十四五之时所敬服之人。镕舅于母极孝，俗有“家贫出孝子”之说，确是有理。他母亲是吾父表姐，故尔他于吾父亦称舅父，且奉吾父为师。他在民国初年政治中，不唯在其本党（同盟会、国民党）得到群情推重信服，而且深为异党所爱重。我在政协《文史资料选辑》中写有一文可参看。惜他局限于资产阶级的政治思想，未能适应社会主义新潮流。

再就是章太炎先生（炳麟）的文章，曾经极为我所爱读。且惊服其学问之渊深。我搞的《晚周汉魏文钞》，就是受他文章的影响。那时我正在倾心学佛，亦相信了他的佛学。后来方晓得他于佛法竟是外行。

再就是章行严先生（士钊）在我精神上的影响关系，说起来话很长。我自幼喜看报纸。十四岁入中学后，学校阅览室所备京外报纸颇多，我非止看新闻，亦且细看长篇论文。当时北京有一家《帝国日报》常见有署名“秋桐”的文章，讨论宪政制度，例如国会宜用一院制抑二院制的问题等等。笔者似在欧洲，有时兼写有《欧游通讯》刊出，均为我所爱读。后来上海《民立报》常见署名“行严”的论文，提倡讲逻辑。我从笔调上判断其和“秋桐”是一个人的不同笔名，又在梁任公主编的《国风报》（一种期刊，出版于日本东京）上见有署名“民质”的一篇论翻译名词的文章，虽内容与前所见者不相涉，但我又断定必为同一个人。此时始终不知道其真姓名为谁。

后来访知其真姓名为章士钊，我所判断不同笔名实为一个人者果然不差。清廷退位后，孙中山以临时总统让位于袁世凯，但党（同盟会）内决议定都南京，要袁南下就职，《民立报》原为党的机关报，而章先生主持笔政，却发表其定都北京之主张。党内为之哗然，又因章先生本非同盟会会员，群指目为报社内奸。于是章先生乃不得不退出《民立报》，自己创办一周刊标名《独立周报》，发抒个人言论。其发刊词表明自己从来独立不倚（independent）的性格，又于篇末附有寄杨怀中先生（昌济）长达一二千字的书信。书信内容说他自己虽同孙（中山）、黄（克强）一道奔走革命，却不加入同盟会之事实经过（似是因加入同盟会必誓言忠于孙公并捺手指印模，而他不肯行之）。当时他所兄事的章太炎、张溥泉两位，曾强他参加，至于把他关锁在房间内，如不同意参加便不放出（按此时他年龄似尚不足二十岁），而他终不同意。知此事者不多，怀中先生却知道，可以作证。《独立周报》发刊，我曾订阅，对于行严先生这种性格非常喜欢。彼此精神上，实有契合，不徒在文章之末。

其后，章先生在日本出版《甲寅》杂志，我于阅读之余，开始与他通信，曾得答书不少，皆保存之，可惜今尽失去。其时正当孙黄二次革命失败，袁世凯图谋帝制，人心苦闷，《甲寅》论著传诵国内，极负盛名。不久章先生参预西南倒袁之役，担任军务院秘书长。袁倒黎继，因军务院撤销问题，先生来北京接洽结束事务，我们始得见面。但一见之后，即有令我失望之感。我以为当国家多难之秋，民生憔悴之极，有心人必应刻苦自励，而先生顾以多才而多欲，非能为大局负责之人矣。其后细行不检，嫖、赌、吸鸦片无所不为，尤觉可惜。然其个性甚强，时有节概可见，九十高龄犹勤著述（我亲见之），自不可及。

十六、思想进步的原理

思想似乎是人人都有的，但有而等于没有的，殆居大多数。这就是在他头脑中杂乱无章，人云亦云，对于不同的观点意见，他都点头称是。思想或云一种道理，原是对于问题的解答。他之没有思想正为其没有问题。反之，人之所以有学问，恰为他善于发现问题，任何微细不同的意见观点，他都能觉察出来，认真追求，不忽略过去。问题是根苗，大学问像是一棵大树，从根苗上发展长大起来；而环境见闻（读书在其内）、生活实践，则是它的滋养资料，久而久之自然蔚成一大系统。思想进步的原理，一言总括之，就是如此。

往年曾有《如何成为今天的我》一篇讲演词（见于商务馆出版的《漱溟卅后文录》），又旧著《中国文化要义》书前有一篇《自序》均可资参看。

十七、东西文化问题

我既从青年时便体认人生唯是苦，觉得佛家出世最合我意，茹素不婚，勤求佛典，有志学佛，不料竟以《究元决疑论》一篇胡说瞎论引起蔡元培先生注意，受聘担任北大印度哲学讲席。这恰值新思潮（五四运动）发动前夕。当时的新思潮是既倡导西欧近代思潮（赛恩斯与德谟克拉西），又同时引入各种社会主义学说的。我自己虽然对新思潮莫逆于心，而环境气氛却对我这讲东方古哲之学的无形中有很大压力。就是在这压力下产生出来我《东西文化及其哲学》一书。这书内容主要是把西洋、中国、印度不相同的三大文化体系各予以人类文化发展史上适当的位置，解决了东西文化问题。

十八、回到世间来

《东西文化及其哲学》一书，在人生思想上归结到中国儒家的人生，并指出世界最近未来将是中国文化的复兴。这是我青年以来的一大思想转变。当初归心佛法，由于认定人生唯是苦（佛说四谛法：苦、集、灭、道），一旦发现儒书《论语》开头便是“学而时习之不亦乐乎”，一直看下去，全书不见一苦字，而乐字却出现了好多好多，不能不引起我极大注意。在《论语》书中与乐字相对待的是一个忧字。然而说“仁者不忧”，孔子自言“乐以忘忧”，其充满乐观气氛极其明白；是何为而然？经过细心思考反省，就修正了自己一向的片面看法。此即写出《东西文化及其哲学》的由来，亦就伏下了自己放弃出家之念，而有回到世间来的动念。动念回到世间来，虽说触发于一时，而却是早有其酝酿在的。这就是被误拉进北京大学讲什么哲学，参入知识分子一堆，不免引起好名好胜之心。好名好胜之心发乎身体，而身体则天然有男女之欲。但我既蓄志出家为僧，不许可婚娶，只有自己抑制遏止其欲念。自己精神上就这样时时在矛盾斗争中。矛盾斗争不会长久相持不决，逢到机会终于触发了放弃一向要出家的决心。

机会是在 1920 年春初，我应少年中国学会邀请作宗教问题讲演后，在家补写其讲词。此原为一轻易事，乃不料下笔总不如意，写不数行，涂改满纸，思路窘涩，头脑紊乱，自己不禁诧讶，掷笔叹息。既静心一时，随手取《明儒学案》翻阅之。其中泰州王心斋一派素所熟悉，此时于《东崖语录》中忽看到“百虑交锢，血气靡宁”八个字蓦地心惊：这不是恰在对我说话吗？这不是恰在指斥现时的我吗？顿时头皮冒汗，默然有省。遂由此决然放弃出家之念。是年暑假应邀在济南讲演《东西文化及其哲学》一题，回京写定付印出版，冬十一月尾结婚。

熊十力

1946 年 9 月，熊十力返汉口经上海时在学生朱慧清家与学生牟宗三等合影留念。由右至左为：丁实存、熊世菩、徐复观、朱霈（男童）、熊十力、高纫秋（后立）、朱宣琪（女孩）、张立民、朱雷民、牟宗三

复兴书院同人欢迎熊十力、叶左文两先生合影留念。1948 年春摄于杭州里西湖葛荫山庄复性书院庭园内，中为马一浮，熊十力与叶左文分别坐于两旁。叶左文先生系马先生友人，宋史研究专家。一同留影的还有熊、马的老弟子张立民，以及马老弟子寿毅成、吴敬生等

熊十力先生晚年

熊十力简介

（1885—1968）

熊十力先生，原名继智、升恒、定中，号子真、逸翁，晚年号漆园老人。湖北省黄冈（今团风）县上巴河镇张家湾人。他是20世纪中国最具原创性的哲学家、思想家，是现代新儒学的开山大师之一，同时也是一位特立独行、无所依傍的怪杰。

他从未接受过旧式或新式的系统的正规化教育，生于贫瘠的湖北乡村，自学成才，参加辛亥革命，又弃政向学，后执教于北京大学，曾任北京大学一级教授，全国政协委员。在熊十力的苦闷求索中，以传统批导现代，以现代批导传统。他与梁漱溟、马一浮、欧阳竟无、蔡元培、董必武、陈毅等社会贤达、政界学界名流相过从，有过不少轶闻趣事。

熊十力在思想成熟上略晚于梁漱溟。他承前启后，完成了谭嗣同、章太炎等人哲学上未竟的事业；在同时代的哲学家中，又影响了更多年轻的中国哲学者。由于远离政治一心向学，熊十力不像梁漱溟、冯友兰等在一般大众眼中那样有名，然现代新儒学的几位代表人物唐君毅、徐复观、牟宗三，却都出自他的门下，三人秉承熊先生新儒学的精神，后来都发展出了自己独特的思想体系。

熊先生早年热心于革命运动，在遭遇辛亥革命失败，军阀混战，西潮涌入，世事皆非等现实刺激下，于中年以后才逐渐醒觉到——仅仅靠搞运动并不能解决人生内在的终极关怀问题。于是他先跟从欧阳竟无先生在支那内学院学习唯识论，后来对唯识论的思想不满，因而作《新唯识论》(1932)，归宗于儒家“大易生生”之旨，以“体用不二”作为其哲学体系之根本。他的思想极富玄思，为现代新儒学开启了一条道路。

熊先生晚年著《原儒》(1956)，将自己一整套思想体系倾注于其中，在形上学方面，继续秉承了《新唯识论》的根本宗旨；在对儒家思想发展的解释、社会哲学的构想上却有了较大的改变，显示出儒家在中国仍然有相当的活力。在《原儒》之后，熊先生又作《体用论》(1958)、《明心篇》(1959)、《乾坤衍》(1961)等书，跳脱出唯物唯心的对立，摒除外物干扰，在思想上从未稍改初衷。

熊先生“体用不二”的学问，紧紧站在他所经历、所感受、所领悟的人生立场上，来构造其宏大的宇宙论，这是他的思想和体系的主要特征。从熊先生的身上，能看到生命本身一股宏大向上的力量，鼓舞后学者继续奋进。他曾对年轻人说：“读书必先有真实的志愿。……凡人无志愿者，则其生活虚浮无力，日常念虑。云为无往不是苟且，无往不是偷惰，无往不是散漫……人必有真实志愿，方能把握其身心，充实其生活。”

与读书周刊

读者须预定终身趋向。有一种人，乐以事功表见，（所谓事功，非专就政治言，凡社会上各方面的业务，皆事功也。）是必早定某种事功的趋向，而对于某种事功所必储备之学问，必坚其意志，鼓其兴趣，竭其才力，孜孜以求，不容松懈。如此则其所读之书，亦与其所治之学问有关，庶几读书有补于学问，而学问又与事功相应，则人无废才而国无废事。

又有一种人，性情不近事功，愿以书生的生活终其身，是必早定专门学问的趋向，而对于其所专治之学，亦必坚其意志，鼓其兴趣，竭其才力，孜孜以求，不容松懈。如此则其所读之书亦与其所专之学问有关，而无泛涉不精之病。

前者可以说是持应用的态度而求学问，后者可以说是本纯粹求知的态度而求学问。后者属专门家，以其所造有精密的系统故；前者所学未尝无限域，而不得名专门家者，以适用而止故。今日学子不预定趋向，读书漫无抉择，故卒业大学之后，做事则无可胜任。其委身学校者，亦多是混饭吃，而不肯努力学问，此真吾国青年莫大之危机。吾愿有志者各自早定终身趋向，勿以有用精神作无意识的浪费。此读书所应注意者一。

读书必先有真实的志愿。前云须定趋向，然若无真实志愿，则不足以达其所趋向。凡人无志愿者，则其生活虚浮无力，日常念虑云为无往不是苟且，无往不是偷惰，无往不是散漫，如是而欲其读书能有所引发以深造自得，此必不可能之事也。

人必有真实志愿，方能把握其身心，充实其生活，如诸葛武侯所谓“使庶几之志，揭然有所存，恻然有所感”。正阳明所谓“持志如心痛”。一心在痛上，岂有工夫说闲话，管闲事？人果能如此激发志愿，则胸怀广大，鄙私尽消。象山所谓“才一警策，便与天地相似”，诚非虚语。

如此，则神明昭彻，而观物虑事，必能极其精而无蔽，综其全而不乱。其于读书也，必能返之己所经验而抉择是非，洞悉幽隐，曲尽书之内容，而不失吾之衡量，故其读书集义，乃融化的，而非堆集的；乃深造自得的，而非玩物丧志的。如此读书，方得助长神智，而有创造与发明之望。若其人茫无志事，浑身在名利胶漆桶中，虽好博览载籍，增益见闻，要为浮泛知识，不可得真知正解，只是小知，不堪大受。社会上若只有此辈，其群必日益昏乱以趋于亡。故学者不徒贵读书而已，必先有志愿以立其本。

然复当知，“志愿”二字极不易了解。凡人高自标举我欲如何如何，以为此即其志愿，此正是狂妄之私耳，有志愿者所必克治也。志愿是从自觉自了的深渊里出发的，是超越物我底计较的，是极其洒脱而无俗情沾滞的，是一种向上的努力，自信自肯而不容已的。（自肯是借用宗门语，意义甚深。）唯真有志愿的人，才识此意味，一般人如何识得？

有志愿即有真力量，故其对于学问或事功的趋向，能终始贯彻而无所辍。譬若电之走尖端。（电，喻志愿力量；尖端，喻所趋向。行所无事，而势不容已也。）

或问：朱子《论语集注》释“十五志学”之“志”字曰“心之所之谓之志”。是则志即趋向也，而此以志愿与趋向分言之，何也？曰：朱子以心之所之言志，此朱子之失也。王船山《读四书大全说》“志者心之所存主”，斯为正义。孟子曰：“人之所以异于禽兽者几希，庶民去之，君子存之。”船山存主之义，从是出也。诸葛武侯所谓“使庶几之志，揭然有所存”云云，亦此旨也。故人而无志，即去其几希而同于禽兽，甚至不如禽兽。今日中国人贪污淫侈，卑贱虚诳，甘为亡虏，毫不知耻，沿不如怒蛙之有斗志、有生气也。此何以故？以其腼然人面而中无存主，人理绝而生意尽也。庄子曰“哀莫大于心死”，心死者，无所存主故也，无所志故也。唯中无所存主，故种种竞逐于外，竞贪，竞淫，竞利，竞名，竞权，竞势，竞种种便利嗜好。竞争其私而背大公，国已亡而无所觉知，种将灭而不关痛痒，人气灭绝，——至此极。然则今人必须变而成人，始可与言读书，此老怀所日夕愿望各也。

（见《熊十力全集·十力语要》，
湖北教育出版社，2001）

读　经

经书难读，不独名物训诂之难而已。名物训诂一切清楚，可以谓之通经乎？此犹不必相干也。此话要说便长，吾不愿多说，亦不必多说，只述吾少年读《诗经》之一故事。

我在少年读《诗经》之先，已经读过四书，当然不甚了解，但是当读《诗经》时，便晓得把孔子论《诗》的话来印证。《论语》记孔子曰：“《关雎》乐而不淫，哀而不伤。”我在《关雎》章中，仔细玩索这个义味，却是玩不出来。《论语》又记夫子说：“诗三百，一言以蔽之，曰思无邪。”我那时似是用《诗义折中》作读本，虽把朱子《诗传》中许多以为淫奔的说法多改正了，然而还有硬是淫奔之诗，不能变改朱子底说法的。除淫奔以外，还有许多发抒忿恨心情的诗。（变雅中许多讥刺政治社会昏乱之诗，其怨恨至深。如《巷伯》之忿谗人，曰“投畀豺虎，豺虎不食”云云。昔人言恶恶如《巷伯》，谓其恨之深也。夫谗贼之徒固可恨，然恨之之情过深，恐亦失中和而近于邪。)《论语》又记子谓伯鱼："汝为《周南》《召南》矣乎？人而不为《周南》《召南》，其犹正墙面而立也欤？"朱注：正墙面而立者，一物无所见，一步不能行。易言之，即是不能生活下去的样子。人而不为二《南》，何故便至如此？我苦思这个道理，总不知夫子是怎生见地。朱注也不足以开我胸次，我又闷极了。总之，我当时除遵注疏通其可通底训诂而外，于《诗经》得不到何种意境，就想借助孔子底话来印证，无奈又不能了解孔子底意思。

到后来，自己稍有长进，仿佛自己胸际有一点物事的时候，又常把上述孔子底话来深深体会，乃若有契悟。我才体会到孔子是有如大造生意一般的丰富生活。所以读《关雎》，便感得乐不淫哀不伤的意味。生活力不充实的人，其中失守，而情易荡，何缘领略得诗人乐不淫、哀不伤的情怀？凡了解人家，无形中还是依据自家所有的以为推故。

至于"思无邪"的说法，缘他见到宇宙本来是真实的，人生本来是至善的，虽然人生有很多不善的行为，却须知不善是无根的，是无损于善的本性的，如浮云无根，毕竟无碍于太虚。吾夫子从他天理烂熟的理蕴去读诗，所以不论他是二《南》之和、《商颂》之肃以及《雅》之怨、《郑》之淫、《唐》之啬、《秦》之悍等等，夫子却一概见为无邪思。元来三百篇都是人生的自然表现，贞淫美刺的各方面称情流露，不参一毫矫揉造作，合而观之，毕竟见得人生本来清净。夫子这等理境，真令我欲赞叹而无从。宋儒似不在大处理会，反说甚么善的诗可以劝，恶的诗可以惩，这种意思已不免狭隘。朽腐即是神奇，贪嗔痴即是菩提，识此理趣，许你读《三百篇》去。

再说人而不为《周南》《召南》，何故便成面墙？我三十以后渐渐识得这个意思，却也无从说明。这个意思的丰富与渊微，在我是无法形容的。向秀《庄子注》所谓“彰声而声遗，不彰声而声全”，就是我这般滋味。如果要我强说一句，我只好还引夫子底话：道不远人，人之为道而远人，不可以为道。这话意义广大精微。孔子哲学底根本主张，就可如此探索得来。他确是受过二《南》的影响。话虽如此，但非对孔子底整个思想有甚深了解的人，毕竟不堪识此意味。我又可引陶诗一句略示一点意思，就是“即事多所欣”。试读《葛覃》《芣苢》《兔罝》诸诗，潜心玩味，便见他在日常生活里，自有一种欣悦、和适、勤勉、温柔、敦厚、庄敬、日强等等的意趣，这便是“即事多所欣”。缘此，见他现前具足，用不着起什么恐怖，也不须幻想什么天国。我们读二《南》，可以识得人生的意义与价值，大步走上人生的坦途，直前努力，再不至面墙了。这是孔子所启示于我的。

孔子论《诗》，是千古无两。唯孔子才能以他底理境去融会三百篇《诗》底理境；唯三百篇《诗》是具有理境的诗，才能引发孔子底理境。这两方面底条件缺一不行。

我想我个人前后读《诗经》和《论语》的经验，我深信读经之难，不仅在名物训诂。训诂弄清了，还不配说懂得经，这是我殷勤郑重向时贤申明的苦心。

关于中学生应否读经的问题，此亦难说。吾意教者实难其人。假设有好教员，四书未尝不可选读。如我所知，杭州私立清波中学经裘冲曼、袁心灿、蔡禹泽、张立民诸君选授四书，于学生身心很有补益。

（1935 年 6 月 1 日《安雅月刊》）

黎涤玄记语

先生杖履余闲，玄随侍，请其略述平生。师随便谈说，而即记之如次。

余先世士族，中衰。先父其相公学宗程朱，一生困厄，年亦不永。余年十岁，先父已患肺病，衣食不给。余为人牧牛，先父常叹曰：此兄眼神特异，吾不能教之识字。奈何？乃强起授馆，带之就学。初授《三字经》，吾一日读背讫。授四书，吾求多授，先父每不肯，曰：多含蓄为佳也。求侍讲席，许之。时先父门下颇有茂才，余自负所领会出其上。父有问，即肃对，父喜而复有戚色。是年秋，吾即学作八股文一篇。八股文有法度，不易驰逞，先父颇异之。逾年，先父病深，竟不起。临终抚不肖之首而泣曰：汝终当废学，命也夫！然汝体弱多病，农事非所堪，其学缝衣之业以自活可也。余立誓曰：儿无论如何，当敬承大人志事，不敢废学。父默然而逝。余小子终不敢怠于学，盖终身不忍忘此誓也。先长兄仲甫先生读出至十五岁，以贫，改业农。农作则带书田畔，抽暇便读，余亦效之。曾从游何先生半年（见《示要》二讲），此外绝无师。年方弱冠，邻县有某孝廉上公车，每购新书回里，如《格致启蒙》之类，余借读，深感兴趣。旋阅当时维新派论文与章奏，知世变日剧，遂以范文正“先天下之忧而忧”一语书置座右。余少喜简脱，不习礼仪，慕子桑伯子不衣冠而处之风，夏居野寺，辄裸体，时出户外，遇人无所避。又喜打菩萨。人或言之长兄，长兄亦不戒也。有余先生者，先父门下士，呼余痛责曰：尔此等行为，先师有知，其以为然否？余悚然惧，自是不敢复尔。时国事日非，余稍读船山、亭林诸老先生书，已有革命之志，遂不事科举，而投武昌凯字营当一小兵，谋运动军队。旋考入陆军特别学堂，渐为统帅张彪所侦悉，将捕余，闻讯得遁走。张彪犹悬赏以购，余逃回乡里。时兄弟六人，食指众，饔飧每不继。冬寒，衣不足蔽体，虽皆安之，而意兴俱索。闻南浔铁路开工，德安多荒田，兄弟同赴德安垦荒。然流民麇集，艰险又多出意外，日益忧惧。及民六七，桂军北伐，余曾参预民军。旋与友人天门白逾桓先生同赴粤，居半年，所感万端，深觉吾党人绝无在身心上作工夫者，如何拨乱反正？吾亦内省三十余年来皆在悠悠忽忽中过活，实未发真心，未有真志，私欲潜伏，多不堪问。赖天之诱，忽而发觉，无限惭惶。又自察非事功之材，不足领人，又何可妄随人转？于是始决志学术一途，时年已三十五矣。此为余一生之大转变，直是再生时期。他日当为文，一述当时心事。未几，兄弟丧亡略尽，余怆然有人世之悲，始赴南京问佛法于欧阳竟无先生。留宁一年余，深究内典，而与佛家思想终有所不能苟同者。读吾《新论》当自知之。佛教中人每不满于吾，是当付诸天下后世有识者之明辨。流俗僧徒与居士于佛法本无所知，吾总觉佛教思想之在吾国，流弊殊不浅，学者阅《读经示要》第二讲，当自思之。吾并非反对佛法，唯当取其妄，汰其短耳。

余自卅五以后，日日在强探力索之中。四十左右，此工夫最紧，而神经衰弱之病亦由此致。五十后，病虽渐愈，然遇天气热闷，作文用思过繁，则脑中如针刺然，吾之性情即乱，或易骂人，不知者或觉吾举动奇怪。其实，神经衰即自失控制力，偶遇不顺意之感触，即言动皆乱也。余平生不肯作讲演，若说话多则损气甚，而神经亦伤，言语将乱发，不知者闻之，又若莫明其妙也。余每日作文用思，必在天气好及无人交接时行之，盖神经舒适，头脑清宁，而吾之神思悠然，义理来集，若不召而至矣。余四十后，大病几死。余誓愿尽力于先圣哲之学，日以此自警，而精神不得坠退。余非无嗜欲者，余唯以强制之力克服之，到难伏时，则自提平生誓愿所在，而又向所学去找问题，于是而欲念渐伏。余自问非能自强者，唯在末俗中，差可自慰耳。余感今之人皆漠视先圣贤之学，将反身克己工夫完全抛却，徒恃意气与浅薄知见做主张，此风不变，天下无勘定之理。余视讲学之急，在今日更无急于此者。今人只知向外，看得一切不是，却不肯反求自家不是处，此世乱所以无已也。先圣贤之学，广大悉备，而一点血脉，只是“反求诸己”四字。圣学被人蔑弃已久，此点血脉早已断绝。余年逾六十，值兹衰乱。唯念反己工夫切要。汝曹思之。

（见《熊十力全集·十力语要》，
湖北教育出版社，2001）

译文：

先生闲暇时拄杖漫步，我（黎涤玄）在旁随侍，请求先生自述他的平生，先生于是随意谈起，而我记录如下。

我祖上本是士族，后家道中衰。先父其相公（熊其相），治学以程、朱为宗，一生困厄，并且未享长寿。我十岁之时，先父已经罹患肺病，家中衣食难以为继。我便去替人牧牛，先父常常感叹道：“这孩子眼神特异（指有灵光），我却不能教他读书识字，这该如何是好？”于是他勉强带病，开馆讲学，并带着我去就学。起初教授的是《三字经》，我只用了一天就熟读背诵了下来。接着授四书，我求父亲多教一些，父亲常常不肯，说：“你该多多含蓄（理解经义）才好。”我便请求在父亲身边侍奉讲席，他便答应了。当时父亲门下有许多青年才俊，我自负对学问的领会远超过他们。父亲提问之时，我都会认真回答。父亲先是感到欣喜，转而又面露忧愁。这年秋天，我试着作了一篇八股文。八股文有严格规定的章法规则，不可轻易在文字上驰骋发挥。父亲读完后十分惊奇。

又过了几年，父亲的病有所加重，竟然一病不起。临终时，父亲抚摸着我的头，哭泣着说道："你最后还是要荒废了学业，这是命啊！你从小体弱多病，干农活你是负担不起了，或许学点缝缝补补的还可以勉强生活吧！"我当着父亲的面发下誓言："孩儿无论如何，一定继承父亲您毕生的志愿，决不敢废弃学业！"可父亲还是默默地走了。

自那时起，年少的我始终没有在学问上懈怠，都是因为当初立下了这不忍忘怀的誓言。

我的长兄熊仲甫先生，读书直到十五岁，后因家贫，改为务农。只要有农活的时候，就带着书到田边，抽空便读起书来，我也就跟着效仿，一边放牛，一边读书。我曾跟随何（柽木）先生游学半年（见《读经示要》第二讲），此外便没有别的老师了。

我二十岁那年，邻县有个孝廉（举人）乘公车上京考试，常常购买新书回乡，例如《格致启蒙》之类的书，我问他借来读，产生了浓厚的兴趣。不久我又去阅读当时维新派的一些论文与奏章，了解到外界的变化愈来愈急遽，于是我把范文正公的一句“先天下之忧而忧”抄录下来，当成座右铭。我年少时落拓不羁，厌弃礼仪的束缚，只羡慕庄子笔下的子桑伯子，他那不着衣冠的处世之风。夏日我就住在野外的寺庙里，每天裸露着身体，跑到街上，见到路人也不躲避。甚至去敲打庙里的菩萨像。有人看到了，去报告我的兄长，可兄长他也管不住我。有一位余先生，是先父门下的弟子，叫我过去，狠狠训斥道：“你这样（荒唐）的行为，先师他老人家泉下要是有知，能答应吗?！”我听了以后，非常惶恐，感到畏惧，从此再也不敢犯了。

当时国家政治日渐败坏，我读了一些王夫之和顾炎武诸位老先生的书，已萌生了一些革命的志愿。于是放弃了科举，投笔从戎，去加入了武昌新军“凯”字营，成了一名小兵。实际上，是为了谋划革命的军队。后来考入了陆军特别学堂，渐渐被统帅张彪所察觉，打算抓捕我。我提前收到消息逃了出来。张彪仍然悬赏缉拿我，我便逃回了家乡。当时我们兄弟六人，吃饭只能靠乡亲接济，朝不保夕。冬天天气严寒，我们衣不蔽体，虽然最终都平安无事，然而革命的意兴早已淡化了。听说南浔铁路（江西第一条铁路，武昌至九江）开工，江西德安有很多荒地等待开垦，我们兄弟便一起去德安垦荒。然而流民成群，路途艰险，意外丛生，我们的担忧恐惧一天比一天加深。

到了民国六、七年，桂军北伐。我曾加入过国民革命军的大潮，之后和友人天门白逾桓一起赴广东。居住了半年，心中感慨万千。我深深感到，我党人绝没有在身心修养上下工夫，又怎么能够拨乱反正、革命成功呢？我也在心中反省自己，三十多年来在悠悠忽忽中过活，其实并未发出自己的真心、自己的志向。全是私欲在心中潜伏涌动，多不胜数。多亏了上天的引导，使我忽然发觉，并感到无限的惭愧和惶恐。我自认为不是建功立业的人才，不足以将领大众，又怎么能跟随他人辗转漂泊呢？从此我开始一心一意，专走学术之路。这时候我已经三十五岁了。

这是我一生中一次最重大的转变，简直可以说是“再生时期”。改天应当专门写文章，记述当时的心事。

没过多久，兄弟们相继去世，所剩无几，我感到十分悲伤，并感慨人事无常。于是我赴南京，向欧阳竟无先生请教佛法。在南京停留了一年有余，期间深入研读佛经内典，然而最终却发现，我与佛家思想有很多难以苟同之处。读我的《新唯识论》就能了解。佛教中人常对我感到不满，这些应当交给天下有识之士去明辨吧。世俗中的僧徒和居士，对佛法并无什么深入的见解，我总觉得佛教思想在中国，流传下来的弊端有很多，学者读我的《读经示要》第二讲，应当就会有自己的思考。我并非反对佛法，只是主张汲取其长，淘汰其短。

我从三十五岁以后，每天都在学问中努力求索。四十岁左右，这种工夫更加紧切，因而导致了神经衰弱的毛病。

五十岁之后，病虽然慢慢痊愈，然而遇到天气闷热，作文思考过于繁琐，脑袋里就会如针扎一般疼痛。我的心绪就全乱了，有时还会无故骂人，不明真相的人会觉得我是举动奇怪，其实神经一衰弱，就会引起的我失控。偶尔遇到不顺意的感触，说话做事就全乱套了。我平生不肯做演讲，如果说话太多，会损伤元气，而神经也会受损，会乱发言辞，不知道的人们听了，就又会感到莫名其妙了。我每天作文思考，一定要在天气好和无人打扰时进行，因为神经舒适，头脑清宁。而我的神思悠然自得，义理自然在我的胸中汇集而出，文思泉涌，不召而至。

我自四十岁后，患病几乎死去，我曾发誓为传续圣哲先贤的学问鞠躬尽瘁，并每天以此警示自己，如此精神才能不松懈。我也不是没有欲望杂念的人，只能强制自己去克服它们。实在欲念难平，我就用父亲床前一生的誓愿去提醒自己；然后继续去所学中寻找问题，于是欲念就渐渐平伏了。我扪心自问，并不是一个日日自强的人，只敢说在这世俗末流之中，求得一丝安慰。

我感到，当今的人都漠视圣哲先贤的学问教诲，完全抛弃了反身克己的修养工夫，只会凭着一时的意气和浅薄知见，自作主张。这种风气若不加改变，则天下永远没有勘定的道理。我看，现在讲学问十分迫切，在今天没有比这更迫切需要的事了！现在的人，只知道向外去看，看什么都觉得不对，却不肯反求自己内心的不是，这就是世界混乱不绝的源头。先哲圣贤的学问，广大浩瀚而完备无缺，可其中一点血脉，仅仅只是“反求诸己”这四个字，圣学被世人蔑弃已久，这一点血脉也早已断绝。我已年过六十，正值世道衰乱，只有时时提醒你们“反求诸己”工夫的切要之处。你们一定要牢记。

唐君毅

唐君毅（中坐者）十四岁时与吴竹似（右二）等少年朋友合影

四川省宜宾县普安乡周坝村唐君毅故居

1943 年唐君毅与夫人谢廷光结婚照

1953 年唐君毅（右）与钱穆（左）在新亚书院

1963年唐君毅先生在香港九龙寓所的书房

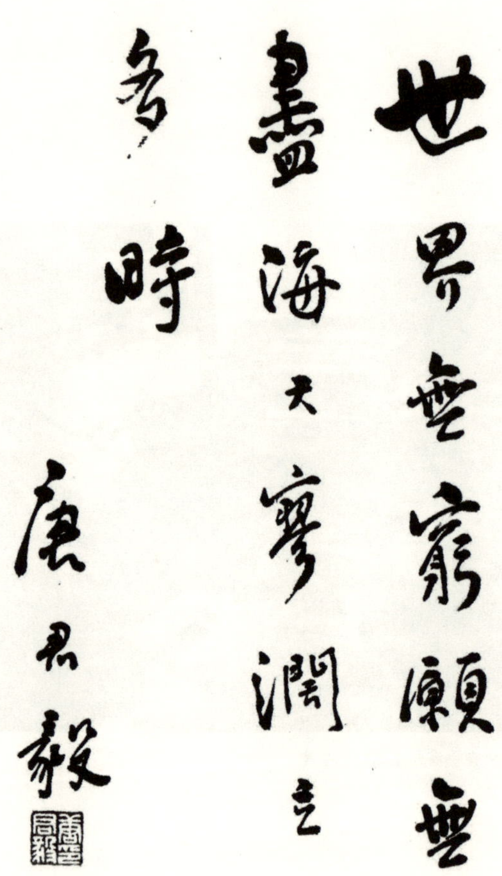

唐君毅先生手迹——“世界无穷愿无尽，海天寥阔立多时”

唐君毅简介

（1909—1978）

唐君毅先生，四川省宜宾县人，1909年出生于四川成都，幼年在成都省立第一师范附小及重庆联合中学接受基础教育。二十三岁毕业于南京国立中央大学哲学系，四年后回母校中央大学任讲师。此后即献身教育学术界，曾分别执教于中央大学、华西大学及金陵大学等校。

1949年以前，在大陆执教期间，是毕生治学的第一阶段。这段时期除用思于纯哲学思想问题，对中西哲学思想的异同作比较研究外，更对人生问题作哲学性的反省，诸如《中西哲学思想之比较研究集》《人生之体验》《道德自我之建立》及《心物与人生》《文化意识与道德理性》等，不仅思辩锋发、自辟理境，而且大都富于诗意。

1949年赴港创办新亚书院，兼任文学院院长及哲学系系主任等职。1963年，香港中文大学成立，被聘任为哲学系讲座教授，并任第一任文学院院长。

赴港最初十年间，是治学的第二阶段。这期间中国传统文化思想面临断续存亡之关头，逢此变局，遂由对纯哲学问题的论述或比较，转而对中国传统文化作多方面的反省，并透过对西方学术文化进一步的深入考察，来论述有关中西文化与哲学思想等问题。其间如《中国文化之精神价值》《人文精神之重建》《中国人文精神之发展》等书，多为反省评论过去的中西学术文化思想，或者本于人之所以为人的信念，以展示人类未来的前途。又有《哲学概论》，兼采入中国哲学的材料。1958年元旦，与张君劢、牟宗三、徐复观诸先生，共同发表《中国文化宣言》，深受国际学术界的重视，遂由国内名学者而成为国际哲学界所公认的新儒者。

他治学的第三个阶段，有关中国哲学原论的著作，则大多为六十年代来，通论中西文化和中西哲学思想之后，再返而专对中国哲学问题作训诂上的考订、历史上的疏论以及义理上辨析、确定和展示，以求中国哲学思想的继承与开展。这些著作包括《中国哲学原论·原性篇》《中国哲学原论·原道篇》《中国哲学原论·原教篇》《中华人文与当今世界》等。

1976年秋，他经肺癌大手术后，身体衰耗，然授课未尝一日间断；此真所谓鞠躬尽瘁，死而后已。他的学问长于辨析，善于综摄，驰骋于东西哲学之中，而归于中国圣贤义理之学。一生著作奥衍浩瀚，驰骛八极，而立足于人生，以开辟生命之本源。其在医院亲作最后一枚之《生命存在与心灵境界》，乃平生学思之综化，亦即先生思想体系之完成，涵摄广大而一以儒家之尽性至命为归极。

先生学问渊博，治学不限一家之说，对中国、西方与印度的哲学思想无不尽心研究，但數十年来用力最深者，实为中西印三大文化思想中所表现的人文主义精神。且深信唯有凭借人文主义的教育，才足以去除近代中西教育所产生的流弊。本于这个信念，与钱穆、张丕介等先生，创办了新亚书院，并标示人文主义教育为新亚追求的理想目标。

1975 年，汉学家 Th. de Bary 主编《新儒学的开展》(*The Unfolding of Neo-Confucianism*)，即以整页标题标明“献给唐君毅教授”，对他治学的毕生努力，给予最高的荣誉。

怀乡记

王贯之先生出了此题目，要我写。我的祖籍是广东客家，我的家乡是四川宜宾，但我半生都不在四川。在四川时，亦从小就住在成都，真在我家乡住的时间，合起来不过三四年。我现在只能一回想在四川的一些杂事。

成都是一有长远文化历史的城市，有不少的古迹，这是人人都知道的。我数岁时的事，许多都忘记了。但是我总记得当时父母带我游草堂寺、武侯祠、青羊宫的情形。无论是在诸葛武侯、杜工部、黄山谷、陆放翁及老子的像前，我父亲总是要我行礼。记得，一次在青羊宫八卦亭前，对穿黄袍的老子像行礼。此事至今犹依依如在目前。我常想我到今日还能对中国古人，有一厚道的心情，去加以尊敬，亦许都由于在幼小时期，我父亲对我这种教育。

成都住家，人都知道是一极舒服的地方。但是我不喜欢成都人，与成都一般社会的风气。四川地方太大，川西、川南、川北、川东，各是一风气。川北人像北方人，比较坚苦笃实，陈子昂、陈寿、李白都是川北人。川东人更富于进取心，但商业气息比较重，秦良玉、鲍超、邹容，是川东人。成都属川西，是司马相如、扬子云的故乡。成都人以文采风流，聪明灵巧胜。川南人则比较敦厚，富于人情。三苏生于眉山，是上川南，嘉定以下是下川南，皆为岷江流域。岷江流域，在宋代已出人才不少：清末如廖季平、宋芸子、赵尧生诸老先生，都生于下川南。我的家乡宜宾，亦是下川南。宜宾位在岷江与长江金沙江之交，亦为四川与云南交通孔道之一城市。宜宾人作川滇间的生意，是有名的。宜宾有一条街名栈房街（即旅店街）。当一商人到云南采办货物回来，便堆在栈房街之栈房，请栈房主人代其卖，他自己再到云南去。栈房街之栈房主人，总是在高价时，才代其卖出。所以宜宾栈房街之栈房主人之忠厚、有信义，亦是著名的。我想宜宾之名字，亦许即由此而来。

宜宾的古迹，有吊黄楼、流杯池，是苏东坡与黄山谷同游之地。中国过去的古人，足迹无论到哪里，当地的人，都修建祠堂，加以纪念。如苏东坡足迹遍天下，而纪念的祠堂，亦遍天下。我现在距我故乡六七千里，然而想着苏东坡曾作岭南人，岭南人至今仍纪念东坡，我亦便不觉距故乡之远了。何况内子亦是苏东坡之小同乡呢？

大概是我的七世祖，才由广东五华到四川。据说他到四川后已成了孤儿。十五六岁，便为制糖店佣工，因得主人信赖，借与本钱，后便独立制糖，生意极好，糖由宜宾一直运出三峡。后来糖船翻了，乃在金沙江畔，购地业农。勤俭积蓄，在我四世祖，便有五六百亩田；我祖父一代才开始读书；我父亲十七岁，便入了学。民国以来，我家的佃户的儿子，亦确确实实有两个读完了高中，其他亦都在读书。中国过去的社会，是士农工商打成一片的社会，而不是阶级壁垒森严的社会。我的家世，便是一最明显的证明。

我的家在金沙江畔，与岷江长江相交处。长江的源，以前说是岷江，现在说是金沙江。苏东坡说“我家江水初发源”，这话不对，他是住在岷江边，我才可以说“我家江水初发源”。当然住在金沙江上流的人，更配说此话。不过我家距上流不远，便是屏山汉夷杂处之区了。

宜宾大名戎州，又名僰道，初亦为夷人所居。据说现在被迫入山之夷人，仍念念不忘宜宾。他们每日在天亮之前，都要教其小孩，以后要再回宜宾来。这事我幼时听讲，一方是怕，但一方亦非常同情。为什么不让他们回来呢？后来长大，有机会碰见夷人，我总不胜其同情。一次，一有知识的夷人告我，夷人崇拜孔明，称之为孔明老子，直到而今。当基督教初到云南向夷人传教时，最初亦只好说耶稣是孔明老子之哥哥。这事当即使我感动泣下，永不能忘。

我家距金沙江只数十丈，出门便可遥望江水，对江是绵亘的山。记得一次我父亲在门上写了一对联是“东去江声流汩汩，南来山色莽苍苍”，这是写实。金沙江最可爱的时候，是冬季，江水几全涸了，江底露出，并无沙，只见一片黑白红赭的石子，互相错杂，远望如一大围棋盘。偶然听见江上渔船歌声，绕湾又不见了。我每当此景，便会想起钱起《湘灵鼓瑟》的最后二句：“曲终人不见，江上数峰青。”我在任何地方，都不能有更切合此诗之意境的情调了。

凡在中国农村生活过的人，都知道农村中一年最值得留恋的生活，是秋收时的尝新、过年及清明时的上坟祭祀与到亲戚家去玩。秋收时的尝新，要先喂狗，因为据说，谷子是狗带来的。乡中人是不杀狗、不杀耕牛的，这一种对动物亦不忘恩的精神，真是中国文化中最可贵的一面。记得幼年时吃饭，是不许掉一颗饭的，如掉了，必被祖母责备，而外祖父对此点尤为严肃。当尝新时，他更要对此事，谆谆告诫。

我十六岁才回乡，以前从未上坟，亦无祖宗之观念。记得祖母在时，他从故乡到成都，总是带一本家谱。每见我无聊，便说你何不看看家谱。我觉非常好笑，家谱有什么好看呢？而且我在十三四岁时，便看了新文化运动时反对跪拜的文章，故以后回乡，亦不再去上坟，祭祀时亦不跪拜，若以此为奇耻大辱。到我父亲逝世，才知祭祀跪拜，乃情不容已。后来回乡，便总要去上坟，晨昏亦亲在天地君亲师之神位及祖宗神位前敬香。我同时了解了人类之无尽的仁厚恻怛之情，皆可由此慎终追远之一念而出。

我十二岁半以前都在成都，十一岁时入高小，是成都省立第一师范附小。我记得每周星期一第一堂是修身，由省立第一师范校长祝屺怀先生亲自教。国文是萧中仑先生教。第一篇是《庄子》的《逍遥游》，第二篇《养生主》。萧先生要我们背诵抄写。对于高小学生，以《庄子》为教材，现在人一定要以为太不适合儿童心理。但是我对“北溟有鱼”“庖丁解牛”，当时亦能感趣味。我后来学哲学，亦许正源于此。我在成都读书时，我记得当时校长来与先父下聘书时，总是用一封红封纸聘书，亲自交与先父，同时还要作揖。据说再早一些时，校长还要对孔子像向教员跪拜，表示代父兄郑重将学生付托于先生之意。成都大成学校校长徐子休先生，躬行儒学，士林所宗。虽年逾七十，但其对校之先生岁数小三四十岁者，亦亲自跪拜。我于民国十八年在大学中休学一年，第一次在成都教书时，校长较我长三十岁，送聘书时，亦向我三揖，使我当时大为惊异。但到了民二十一年，我再回四川教学时，便莫有此风，只是校长亲来一握手而已。到二十六年，我到华西大学教书，便根本未见过校长的面，而那校长，还本是我先父曾教过的学生呢。后来在许多学校教书，便是除了系主任见一面以外，每期由工友送聘书了。现在香港，便用邮政送聘书了。我不知道这究竟是文化的进步呢，还是退步呢？

我与江水有缘。我生在金沙江岷江边；读小学，在成都之锦江边；读中学，在重庆之嘉陵江边。金沙江水深，岷江岸阔，锦江温柔，嘉陵江曲折多姿。我所读重庆联中，在重庆两路口骆家花园。在民国十一二三年的两路口，不似抗战时之两路口之喧闹，纯是一片乡村景象。石板路上的戴笠者，与路旁的凉棚卖茶，几根甘蔗倚在案边，处处显得安闲、恬静而萧疏。此校是川东书院旧址。礼堂上，尚有大成至圣先师孔子神位。学校之后有山名鹅项颈，其上可左瞰长江，右瞰嘉陵江，直上即浮图关。当时之浮图关，只有一座一座牌坊与坟墓。夕阳古道，秋风禾黍，使人念墓下潜寐人，千载永不寤。当时正是新文化运动浪潮输入四川之时，重庆首当其冲。共产党之萧楚女、恽代英、张闻天，都曾来联中演讲。萧楚女在重庆主编一报，口口声声要去掉五千年文化毒。当时国家主义派国民党，亦在重庆活动，但是我们学校的师生，都另有抱负。我所最难忘的是当时几个十五六岁的朋友，都并不全随潮流走，而要融贯今古中西。其中一个是和尚，后称映佛法师，他亦在我们学校读书。一个名宋继武，他半年理一次发，天天要改革社会。一个名游鸿儒，最为特殊，他所穿的粗布长袍，只长到膝。他床上只有一硬被，堆满了书，如《二十二子》之类，他真以鸿儒自居。小小年纪，便看不起胡适与陈独秀诸人。他下笔千言，无事便静坐，我真自愧不如。他与我相约，每周读《宋元学案》一学案，又以必为圣人之志，与我相勉。但一次他回乡再来。他说路上看见人之啼饥号寒，心里难过，觉宋明理学太莫有用，一定要从事实际社会政治事业。于是他在校中组织了二十四人的团体，我亦在内。他另参加了国家主义组织，但我未参加。转瞬中学毕业，在民十四年，我们同到北平读书。但到北平，他的思想就逐渐的变左。先把名字由鸿儒改为鸿如，后来他与宋君竟同参加了共产主义青年团。

十六年到南京，因左右派都在拉青年，我觉麻烦。遂成了讨厌政治的不革命的青年，从此走到学术的路上去。直到而今，仍不喜现实政治。他们到了武汉，总写信骂我不革命即反革命。我一时很伤心，曾写信问："难道不与你们同政治主张，便无友谊了吗？"我记得清楚他们之回信，是"战场上的人是不能相握手的"。我得此信，只有付之长叹而已。但后来武汉清党，宋君被捕枪毙。游君到了南京，仍躲在我处。他谈到党派斗争之情形，与他恋爱的挫折，再回想到他中学时之思想，于是矛盾苦恼，不能自拔，几乎自杀。此时他十分感谢我对他之友谊，他说我使他再生。他后来亦对政治消极，回重庆去了。

民二十一年我再回重庆后，再遇见他，又变成一谈吐风生的人。我们曾重到一儿时旧游之地，茶馆中谈天。他忽然立在台上，好似对我讲演。他说"我当过青年党，当过共产党，当过国民党；曾过儒家生活，曾过道家生活，亦曾读佛书与西洋书，我现在要为中国人建立一人生哲学，你可以帮我的忙"。当时我觉他态度有点好笑，但其志亦殊可嘉。后来分手了，隔三四年，忽然得他一信，说他为了要建立人生哲学，必须对佛家之精神境界，求有一实证。故静坐求证道，已入三禅天境界。但因一念矜持，着了魔，现已入肺病第三期，势不能久。

我记得他最后几句是："带孽以去，茫茫前路，不知何所底止。"并希望我在他死后为他念《金刚经》半月，因为只有我了解他之一生。字迹一如平时，无一潦草之态。在他信后，有他夫人批了数字，说鸿如已于某月某日辞世，他死时不到三十岁，我得此信，真是悲伤，感慨万端，不知如何想起。我只有照他所说，为他念《金刚经》半月。我从他的事，既叹息中国青年之死于政治斗争者，不知凡几，又了解中西新旧文化冲突的悲剧，与人心中之许多深微奥妙的问题。我在好多年总想到死友墓上一去，终未得果。回想在嘉陵江边，同游的朋友多作古，或不知去向。现在只有那一和尚映佛法师，还在支那内学院（据说现在亦停办了），他随欧阳竟无先生、吕秋逸先生学佛学，二十年如一日。我后亦常遇见他，只有他能一直以一恬静而悲悯的情怀，谈论着当时的朋友们之死生忧患。但是他又何尝知在此天涯海角，我在此作文纪念他们呢？

处此大难之世，人只要心平一下，皆有无尽难以为怀之感，自心底涌出。人只有不断的忙，忙，可以压住一切的怀念。我到香港来，亦写了不少文章，有时奋发激昂，有时亦能文理密察。其实一切著作与事业算什么，这都是为人而非为己，亦都是人心之表皮的工作。我想人所真要求的，还是从哪里来，再回到哪里去。为了我自己，我常想只要现在我真能到死友的坟上、先父的坟上、祖宗的坟上与神位前，进进香，重得见我家门前南来山色，重闻我家门前之东去江声，亦就可以满足了。

（1952 年 1 月《人生》半月刊）

记重庆联中几个少年朋友

（一）少年朋友

周开庆先生要我为《四川文献》写文，我答应了半年，因无适当题目，终未动笔。对于《四川文献》，我所知者皆零零碎碎，不成片段，一时无从谈起。今姑就记忆所及，一述在中学时期与几位青年早夭的朋友的友谊。这些朋友，皆学问事业未成而死，述来亦莫有客观的或文献的意义，此文只能算怀故或忆旧之作。只望于怀故忆旧中，能多少反照出当时时代之青年心情的一方面，兼抒发一些个人的感想。

我读的中学是重庆联合中学，初入学时，是民国十年，我尚未满十三岁。在中学四年中，先后有五位朋友，其中除一和尚朋友映佛法师，想尚在人间外，皆于二三十岁即亡故。这些朋友皆以不知之因缘，而与我成为朋友，中间有一段纯真的友谊，亦以不知之因缘而死别。及今过四十年，每当夜深人静之时，他们之声音笑貌，仍或顿现于心，他们之身世与遭遇，仍引起我之慨叹与怀思，今一一借兹稍述。

我中学时期之五位朋友，除映佛法师是到中学第三年才相识者外，都是在中学第一年级即相识的。他们的名字是吴竹似、高介钦、陈先元、游鸿如，鸿如亦是后来与开庆兄相善的。

（二）吴竹似

兹先说吴竹似，他实际上是后来驰名全国的大报《新民报》之创始人。他在中学时，原名吴卓士。他后来之改名竹似，与游鸿如之原名鸿儒，改为鸿如，都代表在五四时期后之青年人，不喜带传统文化的意义的名字之心理。而竹似鸿如之名，较卓士鸿儒之名，亦似轻松潇洒得多。吴竹似初入中学时，大约比我稍长数月。他的家是一世家，在中学一年级时，英文便似已可与人对话。原来民国十年左右时的中学学生，尚盛行金兰结义之风。我与他及其余六人，便曾在重庆联中旁之骆家花园之一亭上，共结为异姓兄弟，我算年龄最小的。现在我只记得他与他们，当时谈话很多；而我与蒙文通先生之一小内弟，则只是绕亭子外之走廊闲逛。亦不知如何，就算结为异姓兄弟了。从此，吃饭我们八人便一桌，寝室亦尽量向校监请求同住。但不到一年，竹似便到上海读书去了。他到了上海，大约不二年，便寄来一封石印的信，说明他与邓友兰女士恋爱的经过，与将要结婚的事。他此时在学问与思想方面，亦力求赶上时代潮流；我在重庆，亦喜欢看时下的杂志与新书。原来当时的思想潮流，是崇尚进步与进化，提倡个人之自由权利，主张人生应追求幸福，满足欲望，因而要打倒中国旧文化与孔家店，此原为少年人易于接受之思想。但我一面看此类之文章，一面却又发生一些莫名其妙的怀疑与反感。

我大约在十五岁左右，便抱了另一种似乎极端反时代的人生观，即不要欲望，不要幸福与个人的自由权利，却要超凡绝俗，而对当时之另一朋友游鸿如之主张退化论，要人退到阿米巴虫以前的状态，更觉适得我心。我与游鸿如，亦即成了朋友。我当时并以为此即是孔子的思想，曾把我之此一套思想，写了一封约一千字左右的长信，与竹似。他的回信当然不赞成，似认为我这思想毫无青年气息。他却不知道另一与我同样是十五六岁之游鸿如，亦抱同类思想呢。今不管我们当时之思想对不对，但却是发生过的。照我现在看，少年青年之所以是少年青年，即其生命与思想尚未成定型，因而一切古怪的生命活动形态与思想形态，在少年青年时都可发生。释迦十九岁出家，孔子十五志于学，有什么古怪的思想，一定不会在少年青年时期发生呢？但是我在当时，亦无这许多理由来，与竹似辩论。少年青年时期的友谊之可贵，正在思想不同，亦不必相辩论；相辩论，亦不求有一定之结果。这些原都是与纯真的友谊不相干的东西啊。

我与竹似之重新会见，是在民国十六年我由北平，转到南京读书。这时是国民政府初建都南京。竹似大约早加入了国民党，与胡汉民先生很熟，便在南京开始创办《新民报》。我到他家中时，见陈铭德初住在他家里。《新民报》第一张出版时，他还拿版面给我看。他当时之年龄，实际不到二十岁，已能卓然有以自立，真可谓卓士。后来他似乎又到了重庆办一些事，再回到南京。我只记得，大约在我大学毕业之前后，便闻他因劳成疾，曾到他家中去看了他一次；方知他之疾是肺病。晤面时，见他骨瘦如柴，他忽执我手而泣，我亦不禁感动。后来不久，他便过世了，大约年不过二十四岁。我当时不在南京，亦未去送葬。再过一些时候，才传说他的太太已与陈君结婚，而陈君亦将《新民报》办来，愈是有声有色，浸成大陆当时之一全国性大报，他的太太，亦名闻于妇女界。然而我这位少年时的朋友的名字，却无人知道了。

（三）陈先元

我在中学时同班的第二个朋友，名陈先元，他是江津人。我还记得其通信处是江津张爷庙侧。他在校中之寝室与我邻近，但彼此初不相招呼。偶然因一件小事，他对我十分赞美，便常在一起。他年龄比我长三四岁，常戴眼镜，行路稳重，当时我觉他像一老先生模样。他在校中时，文言文即写得很好。他并要我写文章与他改，又与我讲《秋水轩尺牍》。然而我在十三四岁时，所最喜欢的却是国语文法，觉得国语文法把中国字分为名辞动辞，一句分为主辞宾辞，是最有意思的。我记得当时看过的小册国语文法书，总在十种以上，而对他教我的《秋水轩尺牍》，却毫无兴趣。我亦不会作古文，所以与他之间的学问切磋全说不上。但他总喜与我在一起，而且似乎在情感上十分黏滞。当时我不知他之家庭中有难言之隐——大约是他母亲吃鸦片烟，使他在情感上无所寄托。

一日我觉对其情感上之黏滞，十分厌腻，便同他大吵一架，彼此便绝交，不说话了。大约隔了数月，他发现我与他绝交后，并未有一言说他的坏话，乃又重新复交。但到中学之第三年级，他却转学到川东师范。到川东师范后，他便参加了初由共产党萧楚女、张闻天等发起之平民学社。平民学社在外表上，只是讨论一些社会与人生的问题，介绍青年读新书。一次我到川东师范宿舍中去看他，见其架上充满了新书。我记得有翻译的密勒之《人生教育》与马哈之《感觉之分析》，似乎还有些社会主义的书。毕竟他当时的心情如何，我全不了解，大约他已有一改革社会的思想。我对人生问题虽然在十四五岁时已有感受，但对社会政治之问题，却感受得迟。所以他到川东师范以后，我们虽友谊依旧，在思想上学问上之相互影响，仍说不上。我在中学毕业后，便到北平读书。由母亲来信中，知他曾于回乡后，又来重庆到我家看我，在楼下闻我已行，便坐亦不坐，怅然而去。我后来心目中，一直有一印象，似见他在我家楼下怅望。实际上我不过由母亲之信，而常有此一幻觉而已。

我到北平后，与他仍然通信。大约他在川东师范毕业后，便回江津做事。他既有一改革社会的理想，而他与人又落落寡合，身体健康亦不好，他做事定不会顺遂的。但他之来信，亦未多说。有一时期，他久无来信。忽然连来了二信，是由他口说另一朋友代笔的。二信中说他已病危，不久人世。此二信都写得很长，情辞凄惋，我尝加以珍藏，终在流离中失去。我迄今只记得信中，他自述不久人世的情形，说他的“寿衣已做好了，寿鞋已做好了”，又说他在人世间觉得一切都可以舍，但对我与他之友情，连说了“难舍难舍”，这就是他之临终绝笔。后来南京之支那内学院，迁到江津，我常到江津去看欧阳竟无先生，亦曾到张爷庙侧，欲探问他的家中情形，但莫有人知道。而他去世时，亦年不过二十一二，事业学问一无所成，他之名字除了我知道以外，恐亦莫有人知道了。

我尝回想，我与先元之一段友谊，即事后反省，亦反省不出什么一定的理由。事业上的朋友、学问兴趣上的朋友，都全说不上。要说是道义上的朋友，亦不是，因为我们都未以道自任，在人格上特别互相敬佩。要我指出他有什么难能可贵之行，我亦指不出。但我认为人与人之纯友谊，亦可以无一定之理由而发生。朋友可以既不是事业上的、学问兴趣上的或道义上的，而只是依于一莫名其妙的精神上生命上的彼此契合，与彼此感通，便成朋友。此种朋友间之有所谓纯友谊之存在，我即是由与他之朋友关系而悟到的。

（四）高介钦

我要说的第三位朋友是高介钦，他是四川之宿儒彭云生先生的内侄。当我同我父亲到重庆联中彭先生室中时，便首先看见他。记得那时是夜间，他笑脸迎人，执灯前导，好像自己的哥哥，旋即知他能诗能画。大约因他之兴趣在艺术，所以在中学同学一年，他便到北平，读国立美术专门学校。我同他的友谊，亦主要在我中学毕业到北平读书的一年半之时间。记得我到北平，他便到前门车站接我们，到其所住之兼善公寓，后来我们亦都住在那公寓中。他此时在美专学画，是吴昌硕、齐白石的学生，写字学《张迁碑》，作诗长于古风。我当时十七岁，他大约亦只十九岁，已在美专毕业，而我对于诗书画，却一无所长。我当时偶然作诗，以之示他，皆不蒙许可。但我在少年时亦有捷悟之才，并善猜谜语。记得一次在一大学庆祝会中，一口气猜中谜语二三十个；于是回公寓，与他共造谜语，一连数日，便有二三百条，而我所造的却比他多。他于是对我另眼相看，并将全部谜语重抄为一册，上题“暮鼓晨钟”，乃暗示发人深省之意，而此事亦是我与他共处时之唯一的共事，此外，我们之兴趣都是不同的。

介钦纯是艺术家的性格，除诗书画外，亦喜欢吃酒，并不能忘情于恋爱。他本来早已定婚，其未婚妻似名为秋心，亦曾与他通信。他似乎以秋心二字合成“愁”，不很好，乃醉心于当时北平女师大之一能歌善舞之女生欧阳霞。欧阳小姐当时曾在新明舞台，主演熊佛西所改编王尔德之《少奶奶的扇子》，而名震一时，亦常在名胜地方与交际场中出入。而介钦却是孤芳自赏，不屑与世人来往的，这恋爱最初当然不会顺遂。介钦在所求不遂的时候，虽曾写了古人之对联“你走你阳关道，我走我独木桥”，悬在壁上，但亦不能恝然于怀，有一次并对我骂了她一点钟。然而奇怪的事，数月以后，他终于与欧阳小姐结婚了。这时我曾回到四川成都一次。记得杨叔明先生到北平后，寄信到成都之彭云生先生，曾说到欧阳小姐婚后非常贤惠勤俭。我初为之惊讶。旋介钦偕其夫人亦回成都，并同住在一大院子中。见其夫人果非常朴实，而对我言谈之率直而亲切，乃有如长嫂。我由此悟到不仅文章可由绚烂而归平淡，为人亦可由绚烂而归平淡。

我同介钦于民国十七年在成都同住一短时期外，我重回南京继续学业，他们夫妇后来亦重回北平，因所学不同，少通信，亦不知他们在北平做什么，似乎曾在美专教书。但不数年，闻介钦因肺病亡故，其夫人亦旋即逝世。忆介钦与我同在兼善公寓时，便常依于青年之浪漫情怀，说什么“生亦爱、死亦爱”的话，而他们夫妇乃皆不过二十三四岁，于数月中相继去此人间，冥冥中似有主之者。他们曾留下一子一女，后由介钦之姊高琛抚养。其姊亦能诗，曾读书重庆二女师及成都师大，与我家一直常往还。一次她听说我另一朋友游鸿如亦逝世时，曾对我说：“现在你的朋友，都一一逝世，只留下你一人，你将何以自勉呢？”而此语我亦迄今不忘。

就我同介钦的关系说，亦不是什么事业上、学问兴趣上或道义上的朋友。我们之间的友谊，可说是若断若续。他为人的形态，与我全不同，亦无彼此间之真了解。要说了解，我了解他的，还比他了解我的多。但他之逝世，亦使我每一念及，即惘然若失。说他是大天才，或不能说；但亦是属于天才型的人。不说别的，他能使其夫人，由绚烂归平淡，甘为一贤妻良母，此中即有一天才的魅力。他之诗书画，皆在二十岁以前即为人所叹赏，亦为天才型之证。天才型的人，都太清贵，沾不得泥土，难生根于地上。其生命之光辉之照耀，有如彗星之倏然而来，倏然而逝，而早夭亦理所难免，然而此处则最动人之悲哀。孔子曾叹息：“苗而不秀者有矣夫！秀而不实者有矣夫！”我想应即为此型之人而发。何以造化生人，不使天才型之人，其生命之光辉照耀，不如日月而如彗星？这是很难解的。

（五）游鸿如

最后我要说到的一个朋友，即本文中已提到数次之游鸿如。关于这个朋友的事，我曾在十年前所写之一短文《怀乡记》中亦说过一些，但今无妨重复。他亦是我之同班同学，大约比我长一岁。他入学时，国文第一；后来考北京大学，闻亦国文第一，然其余科目不好，故未录取；只得读法政大学，亦未能卒业。他在中学与我同学时，我最初的印象，是觉他走路时，目光总是平视而略下。我初不知其故，后来才知他是在作凝气于丹田的工夫。他在入中学时，虽亦只十三四岁，但床上已堆满了《二十二子》一类的书。他大约很早就知道一些道家之修炼的工夫，注重养精气神。他说今人所谓卫生二字，首见于《庄子》之“卫生之经”一语。于是作了一《庄子之卫生观》，把庄子之讲养精气神的话，连在一起讨论，而他自己亦是随处在作此类工夫。他之反对进步进化，而主张退化论，要人退到阿米巴虫以前，我后来才知道即是道家所谓“炼精化气，炼气化神，炼神还虚”的意思。忆他同我谈退化论，要人退到阿米巴虫以前一句话时，我曾有一极深刻的印象。及今四十年，我还记得我们是在重庆联中之某一地方，相对立谈的情形。但我当时实并不理解其话之背景，我只是依我自己的思想而理解。我当时的思想在前文之初已说过，是一种绝欲主义或无欲主义。说人退到阿米巴虫以前，似启示出一种绝去人类一切欲望的混沌景象。所以他的此话与当时的情形，才一下深入我心，历久不忘。

依一般中学生的思想情形而论，我与他能谈到的，当然在一般同学看来，是非常古怪的。于是我在中学中，被人取上了“神经病”与“疯儿”的诨名，我之性情变成非常孤癖。我上文所述之三个朋友，既皆已转学，于是在校中我只有他一个朋友。然他的学问却远在我之上，且不断进步。他后来由道而儒，曾与我相约，每周读《宋元学案》一学案。但于《太极图说》及其注解，我不能解。我尚忆在图书室中反复徘徊，想其中所说之阴阳五行之关系，终无所得，而作罢。《宋元学案》，亦不读下去了。

《宋元学案》虽读不下去，但我们还是分别的尽量读课外的书籍，学校的课程是不放在我们眼中的。然而我愈是自己读书，自己瞎想，却愈与人隔绝，以致弄出病来。而他却由读书而注意时事，进而关心政治，并觉儒家学问不切实际，乃将其名字中之儒字改为如，首先参加了当时的青年党之外围起舞社，进而将我们同年级之同学优秀者组织为一“克社”。此社中之导师即杨叔明与刘明扬二位国文教员，他们亦都是有政治抱负的。（刘先生后为刘文辉创全民主义，杨先生后为青年党重要人物之一，曾代表青年党出席政治协商会议。）据说当他与其余同学开始商量组织此社时，其他同学都反对我参加，因我性情太孤癖。但鸿如却力排众议要我亦参加，于是我亦成社员之一，然而却是一最不活动的社员。

克社在我们中学毕业前一年成立，中学毕业后其中之七人，皆同到北平升学。然而到北平后，我们都受了当时的左倾党派思想之影响，对于我们原来之导师的政治思想，发生怀疑。而鸿如之先转变，则为其主导。这时鸿如在法政大学，我曾读中俄大学，后入北京大学。时正当国民政府北伐的前夕，青年多不必读书，而力求思想上的前进；前进的最高标准，已无形中是马克思的思想。但我在此时，虽亦承认一经济上平等的共产社会是好的，但我却已不赞成唯物史观之以生产力、生产关系的变动，说明道德的变动。我于是写了一信与鸿如，我说人求经济的平等之心，乃出自我们之良心，此良心不能以唯物史观或唯物论说明。鸿如得了我之信，乃大大讥笑我一番，说我还在腐朽的唯心论中打转。但不久我就到南京去看我之父母，亦无心与鸿如辩论了。

我到了南京，鸿如旋即到了武汉，并正式与另一中学同学宋继武，参加了共产党的青年团。这时他初写信来时，似乎充满了革命的热情，并说我与他之政治见解不同，在战场不能互相拉手。然他同时亦堕入了爱情的烦恼之网中。革命似乎可一任热情，爱情却需要对方的回应，并不能任情任性。一天我忽然得他一封很厚的信，翻开一看，原是他寄与某小姐的长过二千字的情书，而情书的后页，则是与我的长信。他说他已觉到此情书之寄出是无用的了，所以还是寄给我吧。他的意思，似乎是天地间总需要有一对此情书的读者，而除我以外，似乎莫有第二人了。

在得着他的信不久，忽然一天他竟从武汉到了南京。原来武汉已开始清党，与他同时参加共产党青年团之宋继武，已被枪决，他才仓皇逃走。他到南京后，便与我同住一室。他知道革命不是容易的事，而爱情的烦恼，更使他日夜彷徨。这时我乃与他终日遍游秣陵山水，忆一度由紫金山回来，城门已闭，乃只有在一野店中共度一宵。我们常于途中作许多歪诗唱和，或高声谈笑。这时却轮到我来对他之爱情的烦恼等，加以讥笑了。然而此讥笑，乃终于使他自此烦恼中解脱。后来他再回重庆写信来说，在南京之数月，是我的哲学使他灵魂再生，他亦承认了友谊是可以超越政治见解而存在。他因环境的改变，已不属于共产主义之青年团，亦不再讲唯物史观、唯物论了。后来他寄来一相片，上面写了一禅宗大德的诗句“此身不向今生度，更向何生度此身”，似乎他又回到其少年时代之重精神生活上的觉悟去了。

在民国十八年初我休学一年，回成都时，他曾到成都一次。住在我家，这时我们中学时的老师蒙文通先生任四川大学中国文学院的教务长，他除聘请我父亲去教书外，又分别请我与鸿如各上两点钟的课。我任的是西洋哲学史，他任的是中国文化史。实际上我们都还未在大学毕业，不过二十一岁左右。

蒙先生糊涂的聘请，我们亦糊涂的教了。迄今想来，真可谓胆大妄为，太不自量了。

大约在民国二十二年，我由成都去南京经重庆，再会见他。他这时已结婚，似在周开庆兄主办一报纸中当副刊编辑，并在一中学教书。此度重逢，特见得他谈笑风生。一次在一个地方与我谈话，不觉他已身立在凳上，似在向我讲演。他说他的志趣是为中国人建立一人生哲学。但讲哲学要有实证与生活体验。他说他曾过道家生活、儒家生活、佛家生活，曾参加过青年党、国民党与共产党，又曾在情网中自拔而再生，这是他要感谢我的。但希望以后我还要帮助他建立一人生哲学的体系云云。这时我觉其态度有些狂放自大，但亦未对他说什么。后来在分手后，他还送我一七言古风诗，送我再去南京。

我在南京主编一刊物名“文化通讯”，我在其上发表之文章，鸿如几皆于其所编副刊，加以转载。我亦曾请其写文，但是一时又音信断绝。原来他又回乡。他最后一信与我，是说他为加强其对精神生活的实证，又从事静坐。他说他已证入了三禅天，但因一念不净，执着入魔，至生肺病，已入膏肓。他自知是“带孽以去”，下文说“前路茫茫，不知何所底止也”。又说平生我最了解他，望我于他逝世后，为他念《金刚经》半月。我收到他之此最后一信，见尚有其夫人之一批语，说鸿如已于某日辞世。算来其年龄至多二十八岁。我得此信除伤悼外，只有照亡友所嘱，为他念《金刚经》半月。然由他之短短的一生，所引起的感慨，则可以说是无穷尽的。

他之短短的一生，由向内而向外，由唯心而唯物，再由向外而向内，由唯物而唯心；然终于死于物质的身躯上的疾病。他在前后十多年中，思想上生活上经了无数的跌宕，忽而道，忽而儒，忽而佛；忽而青年党，忽而共产党，忽而国民党；仿佛于十数年中，即过了数世纪。内心的向往，外在的刺激，使一个人之生命，由激荡太多而分裂，这是不能免于一悲剧的命运的。以他的早慧与才情，如果能学有所专注，则成就应不可量。然竟乃自觉“带孽以去”，在世间亦未留下足资纪念之痕迹，现在恐只有开庆兄与我二人知道他。在他死时，开庆曾为文纪念他，我一直未作，只于十年前之《怀乡记》中提及他一些事，今所述的他与我二人之关系，比较多一点，亦可聊当纪念。

（六）映佛法师

上文分述了我少年时代的几个朋友。竹似与先元，都是有志事业而未遂，介钦是有志艺术而未遂，鸿如可说是有志圣贤而未遂，一一皆抱憾而死，只存他们之友情于我之心底。在我少年之朋友中，唯一似尚存人间者，为映佛法师，他与他们亦大皆相识。映佛法师在中学第三年级，即转学重庆联中。后又曾与我们同在北平，在一大学中之哲学系毕业，再到南京支那内学院从欧阳竟无先生游，直到竟无先生病殁江津，他仍随侍在侧。我与映佛法师的关系，最初亦极泛。因我于民十六年由北平到南京时，曾将我十五岁至十八岁之日记放在其处。他竟全部偷看了，遂写一信到南京，对我大加称赞。后来他到南京，更常在一处。他平日说话不多，喜微笑，亦不劝人信佛，而且最初亦不吃素，对朋友们的爱情上婚姻上的事，亦有自然的关心。我们常说他是有如与东坡相交之佛印，能与世人无猜。实际上他亦有难言的身世之痛。他幼年时，其母亲因家贫而再嫁，后竟不得一面。他是被其叔父送到涪陵一庙中为小沙弥。其庙中之老师父，素主张佛法与世间法应结合，曾将其大徒弟即映佛师兄送去日本留学，回来却还俗了。然其老师父仍不灰心，乃再送映佛到中学大学读书。映佛一次同我谈到其身世之痛，及其老师父之恩德，同时表示他决不还俗之志。乃于其老师父殁后，从竟无先生，至于终身。然竟无先生殁后，支那内学院旋停办，亦不知其驻锡何方？何日相会，更无从说起了。

我之所以最后提到映佛法师，因我前述之几个朋友，亦大多同时是他的朋友。这些朋友的病苦、忧患与死亡，在我之心中，亦在他之心中。偶然提到他们，我与他同不免慨然一叹。但此一叹中，他的感受，似比我更为深远，而外表则似较淡漠。我有时觉到他是《桃花扇·余韵》一篇中的人物，他好似那栖霞山的柳敬亭。由他而反照出这些少年朋友的悲欢离合，宛是一场梦景。我写到此，忽然又想到我与他曾同在苏州灵岩山一庙中共宿时，早上闻庙上钟声，而梦中惊醒的情景。然此皆为一逝而不可再得者矣。

（1962 年 2、3 月《四川文献》，
1966 年 3 月《民主评论》重刊）

民国初年的学风及我学哲学的经过*

今天我讲的题目，就假定说是我个人学哲学的经过吧。最初，我想是随便的谈谈，没想到有这么多的同学。我想这样，专门说我个人学哲学经过，也有点不好，因为这太带一点主观性，所以我想把这个题目稍为扩大一点，就来讲一讲大概我在你们这个年龄时，中国的文化界、教育界、学术界的学术情形，或者说是民国初年的学风吧。现在是1974年，我离开大学大概是民国二十年、二十一年，假如说民国二十一年以前算是民国初年吧，那个时候的学风大概是一个怎样的情形呢？在当时，也不可以说我完全了解，过后，慢慢的反省，知识多一点，当然了解多一点。

人生活在那个时代，不一定了解那时代，现在我对民国初年的情形了解多一点，是根据我当年的经验配上后来的现在的

* 原编者者：本篇乃于作者逝世后，根据作者1974年自中文大学退休前对哲学系同学之演讲录音整理而成，作者本人不及过目。

知识。我想这样子来讲，对诸位多少也有一点好处。好多年来我有一个感觉，比如现在同大家同学谈话，这里面有两个距离，一个距离是年龄的距离，譬如今年我六十五岁了，你们同学可能是二十岁左右，差四十多年，以前我年轻的时候，老师与我相差至多十年、二十年。年龄距离大，人的心情就不大同。另外一个是由年龄的距离，产生时代的距离，时代的距离就不只从个人的生命上说，时代是这样变化，中国这几十年来的时代变化很大，很可以说我不一定能了解你们的时代，你们也不一定了解我们那个时代。这里面需要一个工夫，譬如我也在学习，我学习了解你们的时代，以至你们青年人的心理，反过来我也希望你们同学也要学习了解以前的时代，譬如说了解我们所处的那个时代，以至于假定你们现在已经五六十岁了，五六十岁的人他的心境又是怎样呢？青年人也该了解的。岁数大的想法子了解青年，青年想法子了解岁数大的人，这一个时代想法子了解前一代，沟通不同年龄的人的心境，才能够使我们的思想学问更进一步。

所以，从这个意思，今天的题目，我稍为把它扩大一点，就是说我讲民国初年思想界、教育界、学术界的情形，一部分配上我自己那时求学的一段，后来我个人思想学术上也有一些发展，有些进步。我想不必一定要讲得很多。而且我还有一个意思，我的反省是这样，大概一个人的学问思想，方向大体在年轻的时候就定了，二十多岁便定了，如果迟的话三十几岁便定了，有很多人大概在三十六七岁是个关键。从前有很多古代学者三十六七岁他就定了。西方的叔本华也说过一句话，三十六以前是人生的本位，三十六以后是人生的补足。通常人不过七十岁吧，从前面一半，学问的方向做人的态度大概就定了。现在我反省起来，大概在大学以前一段所想很多的问题，和我现在所想的是差不多，说进步，当然也有些进步，是客观知识的进步，但对思想的根本问题、方向，在我个人进步是很少的。我就讲这一段，连到我个人之事，就当时的教育界、文化界、学术界的情形讲一讲，当然不是很系统性的，而是带一点故事性的。

一

大概清朝末年民国初年，是中国历史文化一大变局的时候。中国二千多年来的君主专制，变成民国，我是很正视这事情，这是前所未有的。在这时候，思想的情形要从两面看，一面是西方的，一面是中国原来的。清朝末年民国初年，中国思想界学术界究竟什么思想的影响力最大呢？西方的进化论，影响其实还不是最大的。最大的是两个东西，一个是从清朝讲今文学下来的，如广东康南海，这一条路的思想，在思想界影响最大。另一是清朝的很多古文学家，刘师培、章太炎影响下来的。当然一般的看法，这两条路的人都同时讲中国从前的学问文化，都是很保守的，但这个话不对的。最近我有一看法，这两个思想流，实际上和我在开始读中学时的很多思想有密切的关系，这个是我上个月写一篇文章时想到的，意思是不是完全对，我也不敢说，现在先把意思说一说。

从康南海先生的思想说，表面上看，他是极端的保守中国文化的，他推崇孔子推崇得不得了，他到欧洲、美洲各处看了以后，回到中国来，要建立大的孔教。他所著的书如《新学伪经考》《孔子改制考》《大同书》，影响非常大，都是极推崇孔子的。但他的推崇孔子，产生另一个影响，恰恰后来五四时代打倒孔家店的思想正是由康南海的思想出来。这也很奇怪，他的《新学伪经考》《孔子改制考》的一个根本观念是什么东西呢？就是所有的六经都是孔子一个人伪造的，是托古改制，托尧舜文武周公之古。他同时说当时诸子的思想没有不托古的。墨子是托古，他讲的是尧舜；韩非、李斯也是托古，他们所讲的也是尧舜；孔子也是托古，孔子讲的是尧舜文武周公。这些话最初看起来也未尝不可以说，但这个说法假如真正成立，可以涵有一个意思，即中国古代的文化未有一个东西是真实的，都是孔子造出来的。

从这个意思再进一步，说孔子托古改制，是好的说法，不好的说法，则古代的中国文化，通通是孔子伪造。康有为是极力推崇孔子、尊重经的，然而这思想影响所及，反过来很多疑经、疑古的思想是由这里出来。

另一边，章太炎先生讲古文学。太炎先生是近代国学大师，他的说法恰同康有为说法相反。康有为说六经皆是孔子托古改制，章太炎说孔子是真正的信而好古，是真正的史家。康南海认为后来的古文经是刘歆伪造的；章太炎反过来说，刘歆所传的古文经都是真实的历史，孔子的地位与刘歆一样，他的文化的工作，就是保存信史；孔子地位，是保守学术，传到民间，对贵族平民平等看，于是把古代阶级的关系削平。这是章太炎先生的看法，这个看法比较说很达情理。但是章太炎先生有另外一面，他对于中国学术思想的看法，把孔子与刘歆平等来看。在清朝末年，他写了几本书：《典论》《国故论衡》等。在这些书里面，他说要讲中国学问，如果做文章，就须以魏晋玄学之名理之文做标准，如果论思想，就要以佛家作标准。以佛家作标准，他怎样看法呢？譬如对于孟子、荀子，以佛家的标准来批评，孟子只知道"我爱"，荀子只知道"我慢"，至于孟子、荀子讲性善性恶都是偏见。对于《中庸》《大学》《易传》，他说这个是像印度的梵天外道，他都看不起。再下来是宋儒，而在清朝末年，一般思想均与宋儒的根本思想相悬。因此一方面看起来章太炎先生相当之推重孔子，其实在清朝末年的时候，他这个思想并不真很尊重儒家学问的。在民国他又变了，他晚年讲中国的学问，有些名称都是他创造的，譬如诸子学、国故，他以孔子也是诸子之一。以前时代不把孔子看成为诸子之一，孔子是个圣人。国故这个名称，我怀疑也是章太炎这本《国故论衡》之后才流行的，国故这名称本来也很好，但假如用另一个意思，便变成这些都是过去的，是旧问题；可以说中国从前的学术传统，孔子以后的思想家，都没有一个人在章太炎先生的心目中，他自己当时很自负。

这两个人的思想影响到民国初年的学风。在我开始读中学的时候，那时讲什么整理国故，考据历史，说什么疑古，这些都是从章太炎先生的观念传下来的。我们细细看看，胡适之先生当时就是讲整理国故的，他的朋友钱玄同就是疑古的，陈独秀是批孔的，这些材料我都看过，初看起来好像是由新文化运动来的，其实都不是，是从清末章太炎、康有为来的，他们一方面推崇孔子，尊重中国从前的经书，另一方面是开始了后来的怀疑经书，反对孔子的思想。从这处我连上我个人读书的情形来讲，也可以多少反映这个时代。

我自己最初读书，与家庭的关系最大。我读书时代很早，我父亲是清朝的秀才，在四川教中学，后来教大学，他心目中最佩服的是章太炎，一谈便谈到章太炎。我最早读的书，就是章太炎与他一个朋友编的一本书，好像是《教育经》，是清朝末年的一本书，里面有讲文字学的，有讲诸子学的，是白话文，我七八岁时我父亲就叫我看。其实用白话文最早的是章太炎编的《教育经》。在我小的时候，我父亲并不真尊重孔子的。我读书的时候很早，可以说是两岁的时候，到我六岁的时候，父亲教我读的第一本书便是《老子》。在我父亲心目中，他认为道家比儒家高，清朝末年很多人都是这样想。当然后来我父亲思想也变了。章太炎先生喜欢讲文字学，我父亲在我八九岁的时候就强迫我背《说文》。清朝末年一般教小孩子读书都是《论语》《孟子》《礼记》《诗经》等四书五经，这个是根本。其实，我读中国的书，我所受父亲的教育，都不是正宗的，都不是中国从前教育的传统。中国教育的传统是先读四书五经。《说文》是小学，小孩子最不能了解，我举这个例子是说我们的时代。我父亲后来变了，章太炎先生后来也变了，他在清朝末年很看不起中国传统的东西。这些老先生变化都很大，譬如梁任公先生，在清朝末年讲墨子，到后来在民国以后，也讲儒家。他们自己的思想在变，他自己变了以后，他们前期的思想的影响，仍留到后人。譬如章太炎先生到后来已不是他自己早年的思想，然而他早年的思想发生作用，影响到下一代。譬如说吧，在晚清梁任公时尊重墨子，后来很多尊重墨子的人变到去讲马克思主义，但那时梁任公不讲墨子了，他讲孔夫子。

章太炎也是如此，他到后来也不讲国故了，然而他把中国学问只当成一种国故的观念留下去了。他后来也不像以前一样鄙弃宋明儒，或者鄙弃孟子、荀子、《大学》、《中庸》，然而这个鄙弃宋明儒、孟子、荀子、《大学》、《中庸》的思想留下去了。对他们自己而言，是进步，晚年比早年进步。但是他们早年的思想影响到下一代的时候，下一代的人承继他们的早年思想来发展，反过来骂他们的晚年。在北平的时候，我曾听过梁任公讲演，当时我们的年轻人都是骂梁启超的，说他是退步了。对章太炎也没有好感，骂他的人就是受他早年思想影响的人。胡适之，其实也是受章太炎早年思想的影响。我年轻的时候都受章氏思想的影响，这中间的关系很值得注意。

我们最初读书就在这个时代，我读中学时，是五四时代，读大学时，已是民国十四年、十五年。那时在北平，学术界的人，譬如梁任公那时在北平讲中国文化史，我也旁听了；另一个胡适之先生也在，他在北京大学，我也考取了北京大学，我那时读预科，也没有当他的学生，只旁听了一次，他讲中国哲学史。除了他们两个以外，鲁迅在办《语丝》，章士钊在办《甲寅》杂志，此外尚有吴稚晖都在那里。

二

在这里，我说说我个人的反应。年轻人都喜欢看新的，但是，做学问有一部分也不完全是从时代来的，而是由个人性格生活出来的，由自己性格来的东西，它不管时代的倾向。在这一点，我无妨讲讲个人生命里的几个经验，这些经验对我个人思想的影响很大。大概在我六七岁的时候，父亲教我时，向我讲一个故事，听这个故事到今六十年了，我总摆在心中。故事是小说，讲的是世界末日记，说在地球上有一天，太阳的光变成暗淡，太阳热力慢慢减少，当然这在科学上是承认的。最后人都死光了，只剩一个人带着一条狗。这个故事使我总想到地球是有一天要毁灭的。小的时候，我尝见天上下雨，太阳晒后地面裂开，当时我就想，恐怕地球要破裂了，世界要毁坏了，世界会毁坏的思想常常在我心中。世界会毁坏，我个人也会毁坏，是不是有一个可以不会毁坏的东西。照我个人的哲学来讲，我是相信世界是有不会毁坏的东西的。当然，你们同学是不是真的相信这个就很难说了。可是，这个问题是从很小的时候问起的，我相信这个世界是应该有一个不会毁坏的东西。这是第一点经验。

第二个东西就是根据我的家庭而来，由于父母亲的关系。我大概从十六七岁的时候，中学毕业读大学，就开始到北平读书。父亲送我上船，与父亲一齐睡在船舱上，天亮的时候，就开船了，父亲便要离开。当然，在这个时候，小孩子会有一种离别的感情，一下子觉得很悲哀，而这个一下子的悲哀突然间变成不只是属于我个人的，也不是由读书来的，忽然想到古往今来可能有无数的人在这个地方离别，也有无数的人有这种离别的悲哀，一下子我个人的悲哀没有了，个人离开家里的悲哀没有了。这个普遍的悲哀充塞在我的心灵里面，这个古往今来离别的悲哀也不知有多少，这个是无穷无尽的，不只是过去有人离别，将来也有人离别，甚至中国有、外国有，这个时候，这个情感变成了普遍的情感。从这两个东西，一个是小的时候从我的父亲听来而想到的，一个是从我的经验而来的。

后来我到北平念书的时候，听到梁任公先生讲演，听到胡适之先生讲演，我觉得很不对，根本没有答复到我心中的问题，我当时又听到胡适之先生的另一讲演《我们对于西方文化的态度》，这个讲演是他后来认为最得意的一篇文章，你们可以找胡适先生的全集看看。他说东方文化是知足的、保守的，西方文化是不知足的、进步的，我觉得他是站在西方的文化来看。那个时候，我听他讲演以后，觉得完全不对，他说进步究竟进步到什么地方？进步到最后也不过是地球那一天毁灭的时候，进步在哪里呢？而且人是不是一定要不知足才是好的呢？知足为什么不好呢？当时，我的想法是人愈知足愈好，愈是不要求外面的东西愈好。当时，我的生活也是与一般人不大同，一般人要求物质方面好。我当时觉得人是愈知足愈好，而且最理想的人，我觉得都应该没有欲望，你有欲望而你不知足，这不是好的。所以我觉得胡适之先生不对，他那时才不过三十三岁，我才十七岁，我对他不佩服。后来在十多年前，我在夏威夷开会，与他住在一起，住了一个多月，我觉得这个人很human、很social，但对于他的东西完全接不上，他说他自己没有任何的mystical的情调，我觉得这实在是一个怪人。

为什么一个人会完全没有这种情调？从宗教的到形而上的，他也完全没有，他说根本就没有这个东西，他心目中的头脑是科学的。我与他也有些交往，不过，我后来也不管他，只是当时我觉得胡先生对我来说很不入。至于梁任公先生，他讲中国文化史。梁先生这个人，他很诚，不过我没有直接的与他接触，因为我们年纪还少。那个时候，他在北平，大概是在民国十四五年的情形，一般的青年因见他研究军阀史，就替他加上一个罪名叫做“军阀的变相的走狗”，我们所有的同学都是骂他的。他那个时候，写了篇文章讲王阳明的致良知。青年都说他讲的是过时的，说他所讲的东西都是带点欺骗性。当时青年人对老一代的人，对梁任公批评之外，对胡适之先生则骂他是小资产阶级的自由主义者。当时，我的一些朋友同学也是跟着这样讲。

后来我在《东方杂志》上看到一篇文章，是胡愈之先生写的，现在这个人还留在中国大陆，他说世界上有两个大阵营，一是资本主义的，一是社会主义的，他称赞俄国很多地方，我当时觉得也不错，人与人之间应该在政治上经济上平等。我们有许多同学，他们是直接地参加共产党，讲共产党的哲学，讲唯物史观，讲唯物论。我那个时候为甚么没有参加？当时有一个同学，我对他说这里面有些根本的问题，我说在希望这个社会政治经济的平等方面，我可以赞成的，但我们希望所有人类政治经济社会的平等的这个心理，究竟是一个怎样的心理，是不是可以用唯物观念来解释？这是一个心灵的要求，要求一切人类都平等，这个要求，是超出了我自己的身体，你不能说从我的身体的那些物质来发出这个要求，我这个要求是超出我的身体的，你又怎能说这个要求是从我身体内的物质发出的呢？

我说这个要求是心理的要求，如果讲唯物论就不能解释这个要求，如果讲唯物论则我们人的要求只限于我自己的身体。

我把这个问题，提给我许多年轻朋友，但这些朋友把我大骂一顿，说我完全是反动的，完全是唯心论的，像你这个思想永远不能革命。那时，我左派的年轻朋友都骂我。一个姓游的与我关系最深，后来他正式参加共产党，他当时就说，你这个思想不成。那时我是孤立的人，社会上之思想及朋友的思想一致。但我的观念不能改，唯物论我不能接受。骂我最厉害的朋友就是那姓游的。这个姓游的朋友，约在民国十五六年，国民革命的时候，他是共产主义青年团团员，另外有两三个同学一起参加武汉政府，就是徐谦那一派。徐谦是当时武汉政府主席，其实徐谦就是中俄大学校长，后来同共产党拖在一起，他们去革命。后来汪精卫开始反共，把我另两个同学枪毙了，他跑到南京。那时我已从北京到南京。南京正在清共，我就让他住在我的家——其实也无所谓家了，就是在外面租一间房子。最后这个朋友很感谢我对他的友谊。其实我的友谊，并不完全是一种物质的东西。他后来脱离了共产党，不久也死了。以前他骂我，后来没有骂我，这事情对我个人可以说是胜利了。

三

在我心里面，我觉得真正的人物，到现在我一直都没有变的，是两个人，都是在我十九岁以前认识的，一个是在北京时的梁漱溟先生。他在北京大学，他没有教书，他为什么没有教书呢？他看不惯当时的学风，身体也不好。当时我曾经去看过他一次，也听过他一次讲演。他当时说学问有八个阶段，我大约达到他所讲前面的四五个阶段。他说做学问，第一步是有问题，第二步是有主见，第三步是拿自己的主见同其他人的主见发生接触的关系，由接触里修改自己的主见，或评论其他人的主见，后面我不完全记得了。他心目中看不起当时很多人的思想，他是一个对学问真诚的人。在北京大学他也没有教书，只是一个人。但是，对于梁漱溟先生的思想，我亦有不能接受的，当然，这些影响到我后来一直所想的许多东西。他喜欢讲东西文化，他讲中国文化是直觉的。这个在我年轻的时候，很不能接受，我觉得直觉的东西最靠不住，直觉完全是主观的。他的《东西文化及其哲学》在民国十年出版，我全部看了几次。对于他其他的思想我也不很懂，当时我十五岁，我觉得理性是靠得住的，直觉靠不住，我不能接受。但不能接受的东西，我仍然把问题摆在心中，后来岁数越大了，我把直觉的地位一步一步的摆得越高。

民国十五年以后，我从北京到南京，我父亲在南京，是欧阳竟无先生的学生。欧阳先生这个人真是个了不起的人，当然和他谈学问我没有半点资格，他已六七十岁了，我只是十七八岁，他研究佛学，对于佛学，我连发问的资格也没有。当时他的姐姐死了，我父亲照样去看他，看他时，他说他姐姐死了，不能见客。当然，后来也见过他几次。他姐姐死了，他的悲哀的情感，就表现在他的态度上。欧阳先生这个人有真切的情感，这个人有使你直接感动的地方，至于他的学问，我当时不懂。

梁先生、欧阳先生这两个人，是几十年来都摆在我心中的。梁先生后来我还有机会见过他，也发生了关系，欧阳先生也和他发生关系。这两个先生，在我个人来说，做人方面我都有佩服他们的地方。我随便举一些小事情，譬如在北平，梁漱溟先生，他白天不教课，也没有钱。他开了一串讲演——“人心与人生”，他说要收一点钱，收听讲的人一块钱。但是他又说恐怕学生没有钱，没有钱的可以写信给他，可以要一张听讲的卷子，这是报上载的。我当时没有去听，为什么没有去听呢？其实我当时思想不是唯物论。我年轻的朋友都是前进的，要社会改革、政府改革，都是骂梁先生，说他是唯心论的思想，没有点进步。我当时十七八岁，是受一种精神的威胁不敢去听，周围的朋友都说你不能去听，他是唯心论。后来，梁先生——以前我已见过他一次——有一天晚上请一个姓潘的先生，带了五块钱给我，转达梁先生的意思，说怀疑我在北京读书没有钱，所以未能去听。其实我根本不是，我说这些钱我不能收，我也说不出个理由为什么我不去听，我是受了年轻朋友精神上的威胁，不敢去听，这可以说是我个人精神上脆弱的地方，其实我该去听。这个事情，是我对不起梁先生的地方。到现在，梁先生仍在大陆，前些时候，我接到他一封信，另外他还告诉一个朋友，他现在还在写这本书（《人心与人生》），隔现在已经是四十五六年，这本书写成功写不成功，不晓得，写出来，在大陆也一定不会出版。①

对于欧阳竟无先生，我也有对不起他的地方。后来，一段时候，我在中央大学教书，他叫我放弃了教书的事情，专门跟他学佛学。欧阳先生对我很不错，他说我父亲是他的学生，我父亲可以当曾晳，我可以当曾子。当时我不肯，我想我怎能一辈子搞佛学。不过，我对这事情我觉得是个终身的遗憾。对于这位老先生，我心里面一直都不能忘记他。他讲学问，一方面同他的生命连在一起，他对于后学的希望都是真诚的。同这两个人比，老实说，民国以来很多像胡适之先生之名流，以至像梁任公这些，在我看来都及不上他们。当然我的观念不同呀，一般人看来，梁任公、胡适之在学术界的名气大，欧阳先生、梁漱溟先生在学术界的名气小，但我尊敬他们，多于一般有名气的人。这个性格，我年轻的时候是有的。有些地方受一般同学朋友的精神威胁还是很大的，如果完全不受威胁，完全特立独行便好，但是我是不够的，这点牟先生比我强，牟先生比我特立独行。但是我也不是完全的跟着一般人走。最低限度，

① 编者注：该书历经波折，于1975年最终写成，1984年由学林出版社出版。

我当时尊重欧阳竟无先生、梁漱溟先生，便和一般人的观念不同。

四

我现在说到此地，就说我个人年轻时的思想吧。欧阳先生，我觉得这个人了不得，但他的哲学怎么样呢？他讲唯识论。唯识论这个理论，最初我完全不能接受。唯识论说境由识变，其实这就是西方的唯心论。知识论上的唯心论，开始的对象不能离开心。当时我看唯识论是这样：如果唯识论成立的话，外面世界都是心——境由识变的话，这里有一个最大的问题没法解决，那么别人的心怎么办？怎样认识他心？如果说境是我心所变现的，别人的身体当然是我心所变现的，别人的心灵那便不能存在。当然西方很多人拿这个理由来批评唯心论，说唯心论最后变成唯我论。我最初想这个思想的时候，不是由西方来的，是我自己想出来的。

我当时想，一切东西、他人，都是我心变出来的，都变成像我心中的东西，他人便没有心，父母亲都是我心中变出来的东西，这个不行。再其次我还有一个道理，都是我自己想出来的，如果一切都是离不开我当下的心的话，我过去怎样，过去小孩的我是否有呢？我过去时候的心怎么样，我怎晓得它有呢？我现在的心能想到过去，说过去的心是有的，是根据现在的心，但也可能过去的心是没有的，只有现在的心。我开始作哲学思辨，大概就在这个时候，想了几天，如果说过去的心灵也是我现在心灵变的话，我便只有现在的我，过去的我根本没有。再进一步，现在的我如果不被反省的话，现在的我也没有了。如果被我反省的话，现在的我便是过去的我，那么这个我就没有了。

当时我是在南京一个铁路的旁边，我忽然想到这里，我想这个世界毁灭了，没有了；过去的我没有了，现在的我也没有了。这个唯识论想到极端，一切都不能建立，最后归到虚无主义。如果是虚无主义，这个唯识论也不能建立。那时欧阳先生有一个学生，王恩洋先生，我就拿这个理论同他谈，他说你这个问题，完全不是佛学，你根本不了解，佛学讲到唯识论，先要承认我的心外，尚有别人的心，这有许多的心同时成立，并没有你这个说法。但我对开始就有许多的心同时成立的说法还有一个问题，即我有什么资格说有其他心成立呢？我只知道我的心，我怎样能承认别人的心？这从唯识论不能建立。一定要先承认我认识的对象自己存在，然后你可以说这个桌子存在，别人的身体存在，别人的心灵存在。我如果开始讲唯识论的话，先就有许多心，但我不知道别人有没有心。而且如果讲唯识论的话，先就要否认客观的物的独立存在，以至否定他人身体之独立存在，以至最后不能建立很多的心的存在。当时我就是这样想。可以说我在大学念哲学，我喜欢实在论，不喜欢唯心论。实在论认为我认识一个东西，是个关系，它自己独立存在。别人的身体也是独立存在，别人身体的活动和我是差不多的，所以我才可以知道别人的心，也是独立存在，父亲母亲朋友也是独立存在，然后我才能同他们讲道德关系、伦理关系，如果不讲实在论，便通通不能讲。

当时，我不赞成唯识论。我举这个事情就是说，大概接触一个人有两个标准，一个是他人的本身，一个是他的思想，他的思想我可以不接受，无碍于我对他人的尊重。譬如欧阳先生，当时他的唯识论我不能接受，但他的人我尊重。就是梁漱溟先生所讲的直觉之理论，其实我也不能接受，但他的人我尊重。大约民国十六年至二十年，马列主义的书，当时出版得最多，尤其是在上海。这些书，我差不多全看了，俄国人的我也看了。当时人批评梁任公、胡适之、梁漱溟、欧阳竟无诸先生他们，通通从他们思想的社会的政治的结果处批评，这个不对。人的本身有一独立价值，以至我不赞成一个人的思想，并无碍佩服他的为人。我的想法如果要追求根源，最初不完全是知识的，而是生命的，我生命上觉得有很多东西不能拿这个理论来解释，就不能接受。譬如说，讲到政治经济平等的要求。其实我这个要求很强，并不在所有社会主义之下。但我反省这个要求从哪里来的，我总不能承认生理主义的说法，更不能承认阶级背景的说法。我这个要求不是从阶级斗争中出来的，是从我的良心出来的，是从仁心出来的。如果你不肯定良心仁心的话，你所讲的通通是假的，你所谓社会主义公平、人类公平，你的根据在哪里？这根据只能在我的良心仁心中！这个道理不需要很高的智慧便可以懂得。我在跟你们相同的年龄那时，便这样决定了，以后完全不变，可以说一点不动摇。

五

我时常说，年轻的时候，好些观念是从性格里面出来的。这里面有很多真经验，真经验是思想学问的背景。有时候，你的思想学问未必与你的真经验配合，但思想学问的发展，弯来弯去的发展了，最后还是要与你的真经验配合。我后来的许多思想，可以说是环绕自己的真经验。我思想中最高的那一部分都是环绕那些真经验。就是说，有些时候是个人的情感，譬如当时我父亲离开，离别当然是主观的情感，但是主观的情感也可以一下子普遍化的，就是我经验到这个东西，不是我推论出来的。当时我是觉得我一下子想到古往今来的人无数的离别，一下子个人的离别的悲哀变成了古往今来所有的离别的悲哀。当然这古往今来一切人我并不晓得是谁，而我这种情感有多大，我也不晓得。但这个是真的东西！一个既是情又是理的“东西”！我的哲学中，宇宙也好，人生也好，最后的东西是什么呢？是一个又是情又是理的东西！不是情、理两个，情的普遍化是理，理的具体化是情。

人年轻的时候纯洁，心地干净，岁数大了有时就赶不上年轻人。说心境的完全纯洁干净，我三十岁以前那时最纯洁干净，以后是不是一定就坏，当然不能这样说，但是没有这样纯洁，而且感情很弱，普遍的感情变得浅。我举个例，一次是我十七八岁的时候，到了南京。天上月食，很多小孩在打鼓，说天狗把月亮食了，许多孩子在打鼓要救那月亮，我看了心里难过得不得了。我想，这些孩子打鼓怎么可以救得了天上的月亮呢？一下子我有一个感觉：像每一个小孩的心灵都向着天上的月亮，情感都挂在天上的月亮，好像无数的小孩，无数关连天上月亮的情感充塞于天地之间！我那时心里难过悲哀感动得不得了。或者这些小孩只是由习惯传下来，随便打打，但最初想到打鼓的人，他鼓在这里打，心情是向着天上，是要救天上的月亮。这一类事情，在我年轻的时候，时时出现，这就成了后来学问的根本。这种经验好像过去之后就没有了。我后来的思想就是回顾这种我曾经自己亲自受过的经验，去说明这种经验。说这种经验完全是经验主义所说的个别的经验，我想也不是，我想是个情理合一的经验。

我思想就是要去说明这个东西，要说明这个东西就有很多麻烦。你怎么去说明，用什么理论去说明它呢？因为有人承认这个，有人不承认；不承认，你要批评他，他可以再提出疑问，你要答复他，这样反反复复地去想，这样子逼我走上哲学的路。其实开始时我并不是一定要学哲学的，这点我要举梁漱溟先生的一句话。梁先生有很多话，也讲了很多的思想，有人觉得他的话他的思想是哲学，但他自己心目中根本不作如此看，即不理会是不是哲学。我也可以说，最初我想这许多问题，我并没有一个意思学哲学，后来因为有这么多问题在，于是逼着我学上去，学上去后，许多学问的发展当然还有曲折，不必在这里特别说了。

但思想的后面，有一个亲切的经验，经验后面是一个生命，这个我觉得还是个根本。生命的状态当然各人不完全相同；我想大概生命的状态在年轻时总是好的，岁数大了就不行。十年前我母亲过世的时候，那个时候我觉得我的心很好，心里一方面很悲哀，一方面觉得心里很干净，很纯洁，也很真切。大概一个人遇到许多动人心弦的事情，你的生命之根、性情才显出来。当然这几年我亦有一些感受，有些时候我是感到一些又是情又是理的东西。整个来说，三十岁以后不如三十岁以前。三十岁以后，学问当然是进步了，如果详细说，这中间当然有很多曲折，譬如刚才说我不喜欢唯心论，喜欢实在论，到我念大学的时候，我就喜欢新实在论。那时方东美先生教过我，我念大学三年级，他也反对唯心论。那时老师里面有个汤锡予先生，他讲唯心论，我们攻击他，说唯心论不行。但后来离开学校，我读唯心论的书，那是我自己读的。最初读黑格耳和康德的东西，当时读这些书，大概是读到发现他们的思想与我不冲突为止。或者是同我的思想有矛盾的地方，我想法子能够有个解决就足够。以前我读西方哲学方面的书，英文翻译的康德、黑格耳全都念过，菲希特、谢林也读过，但对这些未作专门研究。我发现这些东西同我的生命有许多距离。在近代的哲学家就是怀特海（Whitehead），我觉得同他相近一点。现在人讲存在主义，我看存在主义的书，没有得很多益处。我有篇文章讲海德格，我觉得他们所能够讲的，我也一样可以讲，并没有得到什么特别的益处。

另外的一些哲学，如分析哲学，这种专门的东西，我便不大下功夫。对于西方哲学，现在来说，我喜欢的还是黑格耳（Hegel），近代的是怀特海。对于中国哲学，我的理解也是慢慢才进步的。在我年轻的时候，我也不喜欢中国哲学。其实我对哲学下的功夫，还是在西方哲学方面下得多。对中国哲学，小时候读了一些书，后来念了西方哲学以后，便没有读很多中国东西了。对中国的东西，大概在三十岁以后，才有那种热诚。后来我遇到熊十力先生和牟宗三先生，熊先生以前教过我。牟先生的思想路子是由逻辑方面先下工夫，他很早就喜欢怀特海，他不喜欢共产主义。我记得民国二十年以后，他，张东荪，还有其他几位写辩证唯物论批判，他们那时批评都是从逻辑的观点。

熊先生这个人了不得，他很真。但如果就学问来说，我从熊先生处得到印证，但不像早年从梁漱溟先生、欧阳竟无先生能引起我的问题、我的思想。我接触熊先生的时候，我的思想方向已经定了，所以熊先生所讲的，我没有什么阻碍。后来我便开始教大学，大概三十多岁思想方面就定了。当然写的文章后来便写多了。不过虽定，知识总是积累。现在我还是觉得，如果肯读书，肯用心，大概每天早上还有一点发明。早上总是清明，早上总有一点，好像思想的力量还未完全衰，但是方向则没有改变。

六

大概我现在可以告诉你们，哲学的问题，站在正面的，我的见解都已经决定的。现在我想的是什么东西呢？最近这一两年，我在想反面的东西。这两面，在形而上学上，我已经解决了，但在现实世界还有未解决的，就是罪恶的问题。罪恶的问题还要重新再想。罪恶的问题不完全可以就形而上的哲学理想讲，哲学理想上讲这个不成问题，但要配上现实的事实。对于罪恶的现象，在西方的哲学家，讲得都不很够，佛家对这问题比较深入，宋明儒学家有很多见解，以罪恶是消极性的。罪恶也不止在外面，也在我自己的身上，每一个人生命中都有罪恶。要把罪恶的东西认明白，才能够超出罪恶，只是认明白善还不行。宋明儒者较先秦儒家更能认识罪恶这个东西。佛学里天台宗对罪恶认识得比一般佛学深，一般的佛学比西方基督教深。要照见罪恶，不完全是客观的理解，还要带一点佛学的精神，要多一点悲悯的情感配上去来照，不然把罪恶的世界完全暴露出来，这个也不得了，会把人害了。如果悲悯情感不够，知道了罪恶，谈起来，就好像许多张牙舞爪的、会吃人的东西，所以要先学一个修养的工夫。假定我以后还有时间下工夫研究，可能在这方面下点工夫。

（刘国强、岑咏芳整理。
1979 年 2 月 12 日《华侨日报·人文双周刊》）

六十年来中国青年精神之发展

一、六十年来中国青年精神发展之四阶段

本文谈六十年来中国青年精神之发展，主要是根据我个人之所闻所见与所感，加以直述，而不是根据六十年来之史料，加以分析论列。我写此文之动机，亦不重在叙述过去；而重在以过去为鉴，以致我个人对于现在与将来的中国青年的期望。

六十年来中国青年精神之发展，可以略分为四个阶段。各阶段有各阶段的长处，亦有它的缺点。皆可以为今后之青年之鉴。今先从长处方面说此四阶段。

六十年前今日，是兴中会成立第二年，亦即中山先生第一次谋在广州举义失败，而陆皓东被捕成仁之一年。以后直到辛亥革命之十六年中，有秋瑾、徐锡麟、谭嗣同、邹容及黄花岗烈士等，相继殉难。他们都是青年。为了复兴中国，而不惜前

仆后继。关于这时代的革命青年精神之记述，我最爱读的是冯自由的《革命逸史》。这时代的青年之所以能慷慨奋发，他们心中的理想人物，是文天祥、史可法之流。他们的精神，亦即中国传统文化中，以丹心碧血、成仁取义的儒家精神。这从他们的言行，处处可以证明。这精神是中国在近代受西方文化政治经济势力之冲击压迫后，中华儿女为了达革新中国之目的，而表示的一种最崇高伟大神圣的牺牲精神。这牺牲精神，在底子上说，是纯根于中国传统文化的，但同时是为革新中国，复兴中国。故与文天祥、史可法等传统的气节之士，为保存故国山河，中原文物，而牺牲个人者不同。这是一种为开创未来时代，而不惜牺牲个人之精神。此却有似于西方之革命家之精神。因而这种精神虽在底子上是根于中国传统文化，然而同时是以一新形态表现。所以后来国民政府定黄花岗节为青年节，我认为是对的。中国之新青年精神，实乃从此时代之青年精神开始。此时代之青年精神，是真正能继往而又能开来。因其是既根于中国之旧传统，而又有一新形态之表现的。

中国六十年来青年精神发展之第二阶段，应当是五四运动前后之青年精神。五四运动，在根本上，是学生反对丧权辱国的条约之政治运动。这与辛亥革命前先烈们之革命运动，纯为对本国政府的不同。亦与先烈们之精神，表现于牺牲自己者不同。五四运动，是始于青年之自觉的要求保存国家之权益。五四运动中的学生们，可以去打外交部，毁外交部长的住宅。

这事本是非法的。但是这同时是中国学生，自觉其爱国精神高于当时之政府之客观表现。知识分子当以天下为己任，本是中国文化精神之一端。但在过去的中国知识分子，至少须通过表面上的忠君，才能作以天下为己任的事。此中即可有一精神上之委屈。此精神之伸展，便理当发展出民主政治。民主政治之精神，是政府与人民平等，不自居人民之上，而且共同在遵守的宪法下活动。但是在中国过去君臣之名教大防中，政府毕竟在人民与一般知识分子之上。因而要发展出中国民主政治，中国知识分子在民国成立后，势须再一度客观的表现一种视“不能保护国家权益的政府”若无物的精神。此即五四时代学生打外交部的非法活动之所由生。说其是非法，是因在民主的立宪国家，亦不当有此事。这表示当时的学生之意识，尚非真正的民主的立宪国家之公民的意识。但是这运动，亦表示中国知识分子，真感到“政治必需民主，才能免于丧权辱国之事”的迫切要求之开始。在五四运动以后至今，这迫切要求之成为一求政治民主的潮流，此对中国过去的历史而言，毕竟是一划时代的事。

五四运动是一种青年运动，其中表现一种新的中国青年之精神。过去时有人争论五四运动是谁领导。有人说是由提倡新文化运动的人领导的；有人说是由孙中山一直在南方领导的反北洋军阀之政治运动，所间接影响而成的。这些争论，实都是枝叶。在根本上，五四运动只代表一时代的青年精神。当时全国学生之响应北平学生之活动，只是一爱国意识。百年来的中国人，一直的愿望，本来就是要复兴中国。故无论说谁领导，都不重要。因为谁都可以领导，而实际上谁都不配居领导之功。这只是一时代之青年精神，自己在领导自己。这精神是辛亥革命前之牺牲自己的青年精神，发展为一种永保持国家权益；而要干涉政治，主宰政治的精神。这精神使青年认识政客，官僚不是国家之主人，同时自觉他自己才是国家民族之生机之所在。因而五四时代的青年，有一种不愿受什么现实的势力，传统的习惯，和一股社会文化风气的束缚，而尊尚个人自由，新鲜活泼的朝气。这个时代青年精神之价值，是我们所不当否认者。唯今言中国现代青年精神者，只知一五四运动。则不足为训。

六十年来中国青年精神之第三阶段的发展，是国民革命时代的青年精神。国民革命是一打倒北洋军阀，与反帝国主义的运动。这是承五四运动时代之政治意识之进一步的发展，而为中国现代之知识分子。要求改革内部政治，并求解除外来束缚之具体的革命实践。余生也晚，在五四运动时，我还在小学读书，只记得参加爱国游行的事。但在国民革命北伐前，我已在北平读书。亲见这时代的有志青年，纷纷由北而南，从军革命。留下的，亦不愿停滞在新文化运动时代的思想家、学者的思想。当时青年的心理，是看不起个人自由主义，而愿投身革命组织：参加国民党、共产党或其他政党，以救中国。此时青年精神，是一种宁牺牲个人自由，而服从集团之纪律，以救中国之精神。

这与辛亥革命前之青年精神，是以个人之碧血丹心为革命而牺牲不同，这与五四时代之青年之只有一笼统的爱国之情感冲动亦不同。这时代的青年，是由理智以自觉的了解，只赖个人之力不能做什么，必须集合同志，乃能作救国之事业，因而自愿投身于一政治集团，以组织之纪律，约束自己。这时开始有划时代的学生军参加北伐，在丁泗桥作战，首打败了吴佩孚。这时我认识不少青年，都是分别为其所属之政党，所信之主义奋斗，而流离颠沛，而被捕就戮。这些人虽然名不见经传，然而他们仍各有一段精神，可永垂天壤。这亦决不容五四时代的人与后人，忍心抹杀其价值者。

六十年来中国青年精神之第四阶段，是抗日时期之青年精神。国民革命时代的青年精神，是反对帝国主义。而国民革命成功的结果，是产生九一八事变、七七事变，终于日本帝国主义之铁蹄，横扫中原。这时政府西迁，而千千万万的中国知识分子，中国青年，亦退却至中国之西南半壁。这是中国近代历史上之一最大的悲壮剧。这时我在大学教书，亲眼看见听见无数江南塞北的青年，徒步转徙数千里，到大后方读书。衣不被体，食不饱腹，其苦况较今之调景岭之难胞，或尚有过之。但是他们安之若素，一年、两年、四年、八年，等待，期望。终于日本投降，然后回家拜见父母。

这时代的青年精神，据我所了解，与以前之青年精神之不同者，在其最能脱去中国从前知识分子的一些习气；辛亥革命的青年之从事革命，有些常不免一种旧士大夫的矜持气。五四时代的青年之爱国，与讲新文化，新思想，如其谈恋爱，常不免一种中产人家的少爷小姐气。国民革命时代的青年之从事革命，则常带一种五四以来新知识分子之浪漫气。但是在抗战时代之青年精神，则大体说皆较能脱去这些习气。其生活是更平民的，艰苦的。故其意识亦是比较朴实的，少浮华的。从整个来说，我所最喜欢的青年，仍是在抗战时期，由前方流离转徙至后方的青年。

如果我以上说的不错，则六十年中国青年之精神，实随时代而发展。一时代的青年精神，有他特殊的可爱处，可贵处。辛亥革命前的青年精神之可爱处可贵处，在表现中国传统文化中之杀身成仁，舍生取义之精神。五四时代之青年精神之可爱处可贵处，在其表现中国知识分子要求主宰政治，改革社会的一股新鲜活泼的朝气。而此两种精神，都是直接在青年个人身上表现的。至于国民革命时代之青年精神，则是通过对政治集团，对主义信仰的献身而表现。抗日时期之青年精神，则通过对民族的抗战事业之忠诚而表现。这些事，我们不要因其太近，而忽略其价值。这都是为炎黄子孙的中华青年之永远的光荣。我们亦不要想：表现这些青年精神的青年，有些已死了多年，或其墓木已拱。亦不要想：一度表现这种青年精神的人，今成中年老年，他们已不复再能表现同一的精神，以至把他们在青年时代会表现过的精神，亦忘记了。我们不必为此等等致其叹息。我们看时代精神之行程，可是不着眼在任何特定个人。个人死了，个人不能继续表现其原有的精神了，只是个人的事。但是那种“精神”，只要曾经存在，其中有一价值，则此价值即存于永恒之世界中，我们亦永当肯定其中之价值。而此价值，亦永远可为我们所不忘，而永存于我们之心中，以永远去启发后来的青年精神。

二、各阶段之青年精神之缺点

但是我们一方要承认六十年来中国青年精神的价值，亦须知道他们的缺点。如果莫有缺点，为什么由六十年来之青年化成的中年、老年为中坚分子所组成之国家，会弄到这种田地。对于六十年来之中国青年，首先我们发现几乎是一般的现象，乃方才我所说已暗示到的，即六十年来的中国青年之优良的青年精神，在其到了中年老年，便几乎都很难保持下去，亦很难在他个人身上，发展出更高的精神，或其他的优良精神，以成就他的中年与老年。于是此更高的精神、其他的精神，只好让后来的青年来表现。当青年成为中年与老年，即络续趋于精神之停滞与堕落。这不只是此六十年中年老年的悲哀，亦即是青年自己的悲哀，民族的悲哀。在中国古代与西方，似都不是如此。而今后中国青年，所面临之最大的考验，即如何去掉六十年来青年精神的缺点，以求如何保持其优良的青年精神至中年与老年，或在中年老年能发展出更高的精神及其他的优良精神。如其不然，则长江后浪推前浪，世上新人换旧人，今日之青年之前途，仍是悲哀的，而民族的前途，亦仍是悲哀的。

六十年来中国青年精神之各阶段之共同缺点，如具体点说，则照我的意思，是在其精神之价值，皆只表现于消极的破坏的方面。首先辛亥革命前之烈士之悲壮成仁，只是为要推倒满清。这价值是在消极的破坏的方面。这个时代之青年精神，汪精卫在当时，亦是有的。所以他能作出“慷慨歌燕市，从容作楚囚。引刀成一快，不负少年头”的诗。我们当然不能说黄花岗的烈士，如生存下去，后来亦会当汪精卫。此是厚诬先烈。但是只是消极的推倒专制黑暗之革命精神之不足建国，却见于民国成立后最早数年中，革命党人之反为人所厌弃的事实。这个事实，今之国民党人，或不愿意提。后来的青年亦多不知。但是民国初年的舆论，并不喜欢革命党，却尚可征考。这原因我想不只在北方旧势力之有意的摧残压制，这亦是因当时之革命党人最初的革命精神，本身仍是偏于消极的，破坏的，原不足担当积极的建国之大任。

五四运动时代的青年精神之缺点，仍在其不免只表现消极的破坏的价值。当时青年之一股新鲜活泼的朝气，诚然可爱。但与之相配合的新文化运动之精神，则所重只在批判怀疑，打倒礼教与孔家店，并倡文学革命等。这时代青年之新鲜活泼之朝气之价值，便仍表现在消极的破坏方面者为多。这时之青年如胡适之等，所提倡之个人自由思想，民主科学思想，诚然是与五四时代之青年精神要求相配合的。但是民主精神不表现于立宪的政治制度之运用，则不能有积极的政治成果，只是一反当时政府之政治口号而已。自由精神如不是一道德上自由精神，又不表现于具体人权之争取，求订之于制度。由法律以保障之，则终归于一种精神之放纵，与个人之浪漫情调而已，亦不能有成果。

由于当时之提倡科学，使中国后来多少出了些科学家，与其他学者。这些人即 1949 前学术界教育界之重镇，然而这些科学家，后来都多是赞成共产党的。这些科学家学者中，当然有许多特出人才，亦有可值得敬佩的人格，但亦不少真是为国民革命时代，及抗日时代之热情青年，所看不起的地道的个人主义者。这些人多自西方留学归来，只知羡慕西方。其在中国，如只是寄居，其寄居中国，只知道他个人之学术自由，思想自由，与社会地位是重要的。除此以外，说什么国家民族，历史文化，他们动辄视为空论。实则此只表示他们对此等等，并不真正关心。最不好的事，是最近一二十年我在大学中任教，我又随处发现这些人在学校中，政治场合中，特喜欢互相诋娸、讥刺、排挤、倾轧。说起来每个人都是五四时代新文化运动时代风气培养出来的专家，就是心量褊窄，做事缺乏合作精神。

在这点上，我总觉他们赶不上后来参加国民党与共产党的青年，比较能团结、能合作。亦赶不上抗战时代出来的青年，他们比较民族意识强，做事比较不计较个人地位，能吃苦。二十年来中国政治社会之领导人物，多是五四时代的青年人，所化成之中年老年人。我们可佩服欣赏他们在青年时代的朝气，但是我们亦不能不承认此朝气中，仍有某一种缺点。此缺点正是在实际生活中，不免倾向于一地道的个人主义。至于他们之口头上的个人主义之理论，则恒不免只是拿来批判、怀疑，打倒他个人以外的一切，由孔子、礼教、社会风俗、传统文化到自己以外的其他一切个人之用。这确是一很糟的事。

六十年来中国青年精神第三阶段之缺点，乃由国民革命之反军阀、反帝国主义，原是一消极的革命事业而来。此时代青年精神之长处，在能放弃个人自我，为政党、主义信仰而牺牲。此是可遥契辛亥革命前之先烈精神的。这时代许多热血青年，都为革命为党争而死了。但是国民革命成功，国民政府成立，却一方是五四时代出来的人来居高位，一方则是尚存在的从事国民革命的青年，化成要求以一党治国的中年。这时要以一党治国的中年，不似五四时代出来之人之毛病，在好个人之高位，其毛病在好一种集体的权力。由是而产生无数的党争与党内之派系斗争，国民党以派系斗争而离散。何以能为党而牺牲个人的青年，会化为集体的好权者？此中之理由，在其最初之为党而愿牺牲个人之精神之本身中，即未能免一缺点。即其愿牺牲个人以为党之精神，乃一面放弃自己个人之见，一面即执着党见。故当其革命成功，即要以其党见宰制国人，要以党治国而专权。凡以一党治国之事，行之既久，终必使国民离散。因以党治国之一念中，已将国中人分为党人与非党人。此一念已将国民离散。国民政府之失大陆，其最初原因在此。但其行宪，已使此事成过去。

六十年来中国青年精神之第四阶段之缺点，则在对日抗战本身，仍是一消极的事业。抗日时代之青年精神之可贵处，在其能为民族国家，而甘心流离转徙，从军抗战，受苦受难。但此仍是一消极的忍受反抗之精神。因这个精神在根本上是一忍受反抗，故当所反抗者去，而此忍受反抗之精神。又未得其转化为积极的建国精神之道路，亦不与积极的爱护中国文化而加以发扬，及积极的尊重人性、人道、人权之精神，相俱而行，则终必为反抗政府之人之所利用，而助其得势。此即抗战时代之青年精神，所遭受之悲剧之所由成也。

三、中国今后青年当表现之新精神

我们如果了解六十年来中国青年精神之四阶段之价值与缺点所在，便知中国今后之青年当表现之新精神之何所做。

我们了解六十年来中国青年精神之共同缺点，在其所表现之价值，皆偏在消极的破坏方面，便知今后有价值的青年精神，当求表现于积极的创造建设方面。建设什么？建立自己之人格、学问、知识。这是一老话，但是我们须重新细解其涵义。今日时代之青年精神心不是说不需作消极的破坏工作。但是此消极的工作，是根于我们之积极的永保存和发扬中国文化之要求，积极的尊重人性、人道、人伦、人文和人权之精神。这目标我们即以毕生之力以奔赴之，由青年，而壮年，而中年，而老年，尚不足以完全加以实现。这是我们之一鞠躬尽瘁，死而后已的永不能完的事业。而我们如真知其永不能完，并愿穷毕生之力以赴之，此“真知”即同时可保持我们现在之青年精神于壮年、于中年、于老年以至于死，而将永无精神之堕落之忧。此点我希望青年朋友们，多多去从根认取，从根参悟，由此再去取法六十年来中国青年精神之四阶段之长，而转化其意义与价值。

我们说辛亥革命前的青年精神，是一中国文化传统中的为成仁取义，而不惜牺牲生命的精神。这种精神，当然值得我们崇敬并加以取法。但说到牺牲生命，这话不能出自他人之口。我们不能要别人去牺牲生命，而且由为国牺牲，而血食万世，留芳千载的机会，亦非人人可得。当文天祥、史可法与陆皓东、林觉民，不是人人都有份的。但我可以换一句话说，实际上人人都可在其生命存在时，时时处处积极的表现一种牺牲生命的精神。

我们须知，人的生命在根本上即一向老向死而迫近的历程。人生的一切活动无不本于自然生命力的耗费。因而一切自觉的求有所创造的活动，都是人之自觉的在牺牲其生命力之一部分，亦即可说是对生命有所牺牲，而自觉的向死的活动。试问思想家不牺牲其一些生命力，如何能发现真理？诗人不牺牲其一些生命力，如何能写诗？事业家不牺牲其一些生命力，如何能成事业？贤妻良母不牺牲其一些生命力，如何能造一好家庭？一切人生之自觉的创造活动中，同赖于人之一种牺牲的精神。依我的哲学，真正的人之所以要有自然生命，在其深心中，实际上都只是为了要实现他的精神上之理想，而成就其精神生命。一切真正的人，为了实现其精神上之理想，他都愿多多少少有所牺牲。因而凡真正的人皆有其“所欲有甚于其生者”。但是人亦皆愿保存其自然生命，以使其更能多实现其无限的精神理想，成就更丰富的精神生命。

故除非在二者不可兼得时，人总是爱生；然真正在二者不可兼得时，亦是人人都可死的。君不见报上常见有极普通的人，为了不得其精神上之所欲而自杀？所以我们亦并不须只以踏着先烈血迹前进一类的话，去教青年学牺牲。重要的只是每一青年要有一积极的正面的精神上之崇高理想，有此理想，而真觉其可爱，习于心而存于梦寐，则纵然前面有血迹，我们到那时也人人都能照样前进。如果你说你会怕，青年们会怕。则你尚未了解真正的人性，须下苦功参悟。而且如果真正人会怕，则任何要人牺牲生命，成仁取义的话，亦永不会有效。所以我赞成定黄花岗节为青年节，但我并不赞成要青年们直下便去学他们之牺牲生命的精神，这还是消极的。

更重要的事，是青年们要有一积极的正面的精神上之崇高理想，真觉其可爱，使之习于心，而存于梦寐。唯此是各人自己之修养工夫之所在，亦无一足以为外人道。世间亦只有由此真工夫，而有之杀身成仁，舍生取义，是有血性之青年人所能有，而中年人老年人可更能有者。青年们如全无此真工夫，则不管你在青年时能如何慷慨激昂。置死生于度外，到了中年与老年，血气既衰，同免不了堕落为只求苟且偷生的官僚政客。这个道理，是中国以前儒者都了解的。辛亥革命前先烈之精神，除了由于国亡无日之忧惧，满清之黑暗专制而激起者外，亦当兼是由于先受中国儒家文化，直接间接的正面的陶养。但是数十年来之为政者及主义宣传者，却多不了解。于是愈求忠贞之士，而相去愈远。故至士节败壞，将不能守土，官不能殉职，天下乃瓦解土崩于一旦，悲夫。

我们上文所说的是要转化辛亥以前之青年先烈之牺牲精神，为一种积极正面的各人在内心建树一精神上之崇高理想的今后之青年精神。我们其次要说的是我们还要转化五四时代具新鲜活泼的朝气，各自崇尚其个人自由的精神，为尊重一切人之人权，而求建立制度，加以保障的精神。我们说五四时代的青年成为中年老年后，恒不免堕落为地道的个人主义者。而这种地道的个人主义者，无论如何，我看不出什么值得尊敬的地方。一个人如真只求他个人的自由，则尽可以到英美去住家，这就够了。我们现在要在中国提倡个人自由，决不能是只为我这个人，而当是为中国一切人的个人。本此心去求建立一社会政治制度，以保障中国一切人之个人自由或人权。这是一极客观上需要逐步实现于中国之国家社会的事，此最有待于海外之能享自由的青年之共同的道德的努力。此努力，无论如何不能说是只为我个人自己，而是兼为我个人以外之其他之一切个人。离共同的道德的努力，此事决无自然实现之理。而今后之青年们，能有共同的道德的努力求实现此事，此即可把五四时代之消极的求去除个人之束缚的重个人自由，及空谈自由人权之理论精神，转化为积极的为中国建立一人人之人权有保障的自由社会的精神。这亦是今后中国青年之划时代的使命之所在。

再其次，从国民革命时代下来的个人自愿献身于政党主义的青年精神，其价值在青年们之能为一客观的政治组织与政治理想而奋斗，这是比五四时代留下之个人主义精神进一步的精神。而中国之社会要发展出各种社会组织，真正之民主政党，亦理当有此阶段之青年精神为之媒介。但这种精神后来化出之以一党专政，及党团派系之意识，则明须彻底转化。此转化后之精神，不能返到五四时代留下之地道的个人主义的精神。这当是一种“一方能本合作精神，以积极的参加客观的社会组织、政党组织，并为之而奋斗，而同时尊重其他的社会组织、政党组织，而在一公共的国家宪法下，求相异而相益，相反而相成”的一社会化的个人精神。而中国之建设，如离此种形态之社会化的个人精神为基础，亦是终古无可能的。

最后对日抗战时代的为国家民族，而忍受痛苦反抗强敌的中国青年精神，亦须转化为另一积极的真正要重建中华的精神。现在我们是退居到了海外，但是正因为此，整个大陆的秋海棠叶，便更能全幅呈现于我们之心灵。而整个国家之山河、人物、历史、文化，亦都可横陈于我们心灵中。因而我们每一人即可在我们主观的世界中，涵盖着一整个国家。说到这点，请大家不要悲伤。世间上有一颠扑不破的真理，是主观心灵中真存在的好东西，必然要求客观化。在心灵中已成为整个的好东西，它就要整个的客观化出去。此处的好东西，就是我们之积极的正面的去重建“能表现中国文化精神而光大之，能表现对于人性、人道、人伦、人文、人权之尊重之中国之国家社会”之理想与精神。而此理想与精神，则必待于今后之中国青年，尤其是海外之广大青年之加以承担。

（1955 年 9 月《大学生活》）

徐复观

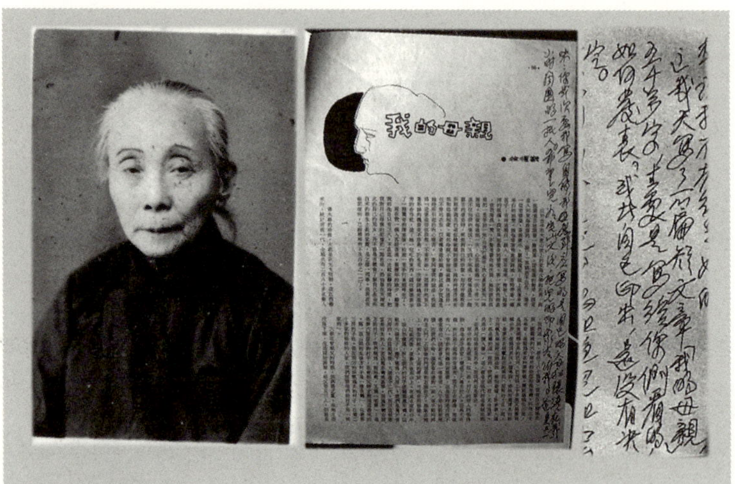

我的母親

徐复观先生之母

徐复观先生青年时期（1928 年）

徐复观先生与夫人王世高（摄于 1933 年）

湖北留日同乡会合影。前排右一为徐复观先生（约摄于 1934 年）

徐复观先生青年读书留影

徐复观先生（中）在南京任职时与同僚合影（约摄于 1935 年）

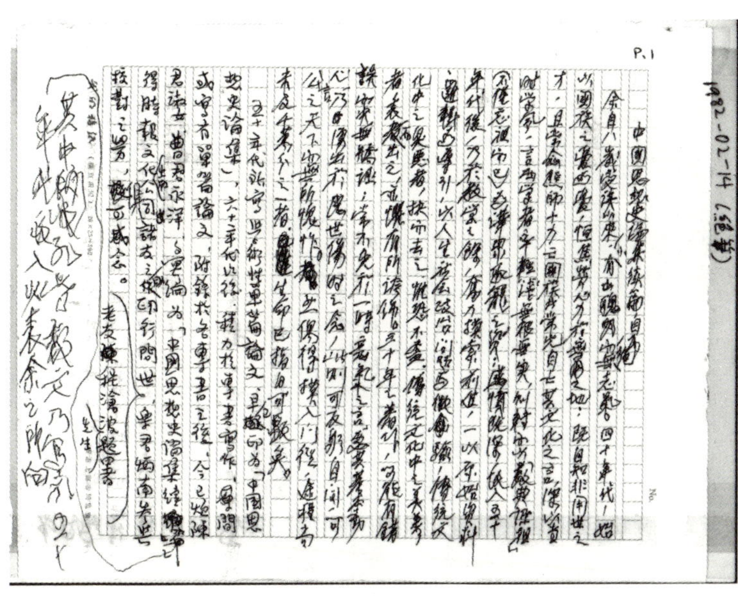

徐复观先生手迹——《中国思想史论集续篇·自序》

1967 年，徐复观先生在东海大学教室

1970 年，徐复观（左）与牟宗三（中）、唐君毅（右）合影

徐复观简介

(1903—1982)

徐先生原名佛观，后改名复观，学名秉常，湖北省浠水县人。八岁跟随父亲启蒙读书，十五岁入武昌省立第一师范，毕业后曾担任教师。投考武昌国学馆，被黄季刚举为全省三千应考学子的第一名。二十五岁时，东渡日本进陆军士官学校，九一八事变后返国从军，直到抗战胜利才自军旅生涯退休。

中年以前，服务军界、政界，抗战未期始游学于湖北黄冈熊十力先生，深受熊先生的人格启发，决意献身学术。1949年后，移居香港，创办《民主评论》，充分表露出儒者的道德勇气和学术精诚。

他治学甚晚，关键性的起点，当自退役后主办《学原》杂志，有意离开政治回归学术。1949年，于香港办《民主评论》，并执教台中省立农学院，后转任东海大学中文系，1969年退休。未几赴港担任新亚研究所教授。

尝自言其治学态度："一以原始资料和逻辑为导引，以人生社会问题为征验。三十年来的著作，其基本动心实基于感时伤世之念。"基于这个基本的治学态度，与唐君毅、牟宗三两位先生比较，则唐先生是文化意识的巨人；牟先生是哲学和道德理性的大师；而复观先生则是历史文化的斗士。

他不喜谈形而上之道，在他的基本信念里，深信中国文化是不能离开具体平实的现世生活。所着重的是历史时空陡现的具体世界，亦即是材质气性的世界。因此爱论时政，喜谈历史得失，更企图将中国思想史的脉络线索清理出来，描述时代递变的痕迹，以通古今之变，究天人之际。他亟爱晚明船山的才识学问，证诸其所处的时代与船山遗老的心境相比较，岂不更见乱世儒者的悲悯情怀?

他在学术工作上所显示的功力，识者均以《两汉思想史》为代表。该书分为三卷，卷一是背景篇，对周、秦、汉的政治社会结构作了严肃而深入的探讨。卷二则从《吕氏春秋》对汉代学术政治的影响开始，对陆贾、贾谊及董仲舒等各家的学术思想，作了深刻的剖析。卷三是卷二的延续，并兼及对"清代汉学"的评论，将汉代学术与清代学术间的对比，作了清晰的分析比较。

他治学精研两汉经学，并同时兼顾文学艺术的领域。以第一部著作《学术与政治之间》作为提纲挈领式的评估，或者可以道尽他毕生的兴趣所在。主要著作有《中国思想史论集》

《中国文学论集》《中国人性论史》《两汉思想史（全三卷）》《中国艺术精神》等；并有《徐复观文录四卷》《儒家思想与民主自由》等时论文章，足见他治学兴趣横跨文、史、哲、政，显示儒家风范的入世精神。

我的读书生活

我从八岁发蒙起，即使是在行军作战中间，也不能两天三天不打开书本的。但一直到四十七八岁，也可以说不曾读过一部书，不曾读通一本书。因为我的读书生活是这样的矛盾，所以写出来或者可以作许多有志青年的前车之鉴。

我不断地读书，是来自对书的兴趣。但现在我了解，兴趣不加上一个目的，是不会有收获的。读了四十多年的书，当然涉猎的范围也相当地广泛。但我现在知道，不彻底读通并读熟几部大部头的古典，仅靠泛观博览，在学问上是不会立下根基的。这即是我在回忆中所得的经验教训。

我父亲的一生，是过一生的考，却没有考到一个功名的人；我父亲要我读书的目的，便是希望我能考功名。这一点曾不断引起我的反感，也大大地影响了我童年的教育。一发蒙，即是新旧并进。所谓“新”，是读教科书，从第一册读起，读到第八册。再接着便是“论说模范”。接着，就读“闱墨”。所谓闱墨，是把考举人、进士考得很好的文章印了出来的一种东西。在这上面，我记得还读过谭延闿的文章。

所谓旧的，是从《论语》起，读完了四书便是五经；此外是《东莱博议》《古文笔法百篇》《古文观止》《纲鉴易知录》，后来又换上《御批通鉴辑览》。除《易知录》和《辑览》外，都是要背诵，背诵后还要复讲一篇的。

上面新旧两系统的功课，到十三岁大体上告一段落。这中间，我非常喜欢读诗，但父亲不准读，因为当时科举虽然早废了，但父亲似乎还以为会恢复的。而最后的科举，是只考策论，并不考诗赋。有一次，我从书柜里找出一部套色版的《聊斋志异》，正看得津津有味的时候，被父亲发现了，连书都扯了烧掉。等到进了高等小学，脱离了父亲的掌握，便把三年宝贵的时间，整整地在看旧小说中花掉了。这也可以说是情绪上的反动。

十五岁进了武昌省立第一师范学校，还是那样地糊涂，当时我们的国文程度，比现在大学中文系学生的国文程度大概高明得很多。尤其是讲授我们国文的，是一位安陆的陈仲甫先生，对桐城派文章的工力很深，讲得也非常好。改作文的是武昌李希哲先生。他的学问是立足于周秦诸子，并且造诣也很高。他出的作文题目，都富有学术上的启发性。两星期作一次文，星期六下午出题，下星期一交卷，让学生有充分的构思时间。他发作文时，总是按好坏的次序发。当时我对旁的功课无所谓，独对作文非常认真，并且对自己的能力也非常自负。但每一次都是在倒二三名，心里觉得这位李先生，大概没有看懂我的文章；等到把旁人的文章看过，又确实比我作得好，这到底是什么道理？好多次偷流着眼泪，总是想不通。有一次，在一位同学桌子上看见一部《荀子》，打开一看，原来过去所读的教科书上"青出于蓝而胜于蓝"的一段话，就出在这里，引起了我的好奇心，便借去一口气看完，觉得很有意思。并且由此知道所谓"先秦诸子"，于是新开辟了一个读书的天地，日以继夜地看子书。因为对《庄子》的兴趣特别高，而又不容易懂，所以在图书馆里同时借五六种注本对照看。等到诸子看完后，对其他书籍的选择，也自然和以前不同。有过去觉得好的，此时觉得一钱不值；许多过去不感兴趣的，此时却特别感到兴趣。此后不太注意作文而只注意看书，尤其是以看旧小说的心情来看梁任公、梁漱溟和王星拱（好像是讲科学方法），及胡适们有关学术方面的著作。

到了第三学年，李先生有一次发作文，突然把我的文章发第一，自后便常常是第一第二。并且知道刘凤章校长和几位老先生，开始在背后夸奖我。我才慢慢知道，文章的好坏，不仅仅是靠开阖跌宕的那一套技巧，而是要有内容。就一般的文章说，有思想才有内容；而思想是要在有价值的古典中妊育启发出来，并且要在时代的气氛中开花结果。我对于旧文章的一套腔调，大概在十二三岁时已经有了一点谱子；但回想起来，它对于我恐怕害多于利。

我对于线装书的一点常识，是五年师范学生时代得来的。以后虽然住了三年国学馆，但此时已失掉了读书时的新鲜感觉，所以进益并不多。可是奇怪的是，在这一段相当长的读书期间：第一，一直到民国十五年十一月底为止，可以说根本没有看过当时政治性的东西，所以对于什么主义、什么党派，完全没有一点印象。我之开始和政治思想发生关涉，是民国十五年十二月陶子钦先生当旅长，驻军黄陂，我在一个营部当书记的时候，他问我看过《孙文学说》《三民主义》没有，我说不曾；他当时觉得很奇怪，便随手送我一部《三民主义》，要我看，这才与政治思想结了缘。第二，我当时虽然读了不少的线装书，但回想起来，并没有得到做学问的门径。这是因为当时虽然有好几位老先生对我很好，但在做学问方面，并没有一位先生切实指导过我。再加以我自己任天而动的性格，在读书时，并没有一定要达到的目的，也没有一个方向和立足点，等于一个流浪的人，钱到手就花掉，纵然经手的钱不少，但到头还是两手空空。

从民国十六年起，开始由孙中山先生而知道马克思、恩格斯、唯物论等等。以后到日本，不是这一方面的书便看不起劲，在日本陆军士官学校的时候，组织了一个“群不读书会”，专门看这类的书，大约一直到德波林被清算为止。其中包括了哲学、经济学、政治学等等。连日译的《在马克思主义之旗下》的苏联刊物，也一期不漏地买来看。回国后在军队服务，对于这一套，虽然口里不说，笔下不写，但一直到民国二十九年前后，它实在填补了我从青年到壮年的一段精神上的空虚。大概从民国三十一年到三十七年，我以“由救国民党来救中国”的呆想，接替了过去马恩主义在我精神中所占的位置。

从日本回国后，在十多年的宝贵时间中，为了好强的心理，读了不少与军事业务有关的书籍。这中间，现在回想起来还觉得十分怅惘的，即是民国三十一年军令部派我到延安当联络参谋，住在窑洞里的半年时间，读通了克劳塞维兹所著的《战争论》，但又从此把它放弃了。这部书，若不了解欧洲近代的七年战争及法国从革命到拿破仑的战争，以及当时德国从康德到黑格尔的哲学背景，是不可能完全了解它的。在延安读这部书，是我的第三次。这一次偶然了解到它是通过哪一种思考的历程来形成此一著作的结构，及得出他的结论；因而才真正相信他不是告诉我们以战争的某些公式，而是教给我们以理解、把握战争的一种方法。凡是伟大的著作，几乎都在告诉读者以一种达到结论的方法，因而给读者以思想的训练。我看了这部书后，再回头来看杨杰们所说的，真是“小儿强作解事语”。当时我已写了不少的笔记，本来预定回重庆后写成一书的；但因循怠忽，兴趣转移，使我十多年在军事学上的努力，竟没有拿出一点贡献，真是恨事。但由此也可知道对每一门学问，若没有抓住最基本的东西，一生总是门外汉。

我决心扣学问之门的勇气，是启发自熊十力先生。对中国文化，从二十年的厌弃心理中转变过来，因而多有一点认识，也是得自熊先生的启示。第一次我穿军服到北碚金刚碑勉仁书院看他时，请教应该读什么书。他老先生教我读王船山的《读通鉴论》，我说那早年已经读过了，他以不高兴的神气说："你并没有读懂，应当再读。"过了些时候再去见他，说《读通鉴论》已经读完了。他问："有点什么心得？"于是我接二连三地说出我的许多不同意的地方。他老先生未听完便怒声斥骂说："你这个东西，怎么会读得进书！任何书的内容，都是有好的地方，也有坏的地方。你为什么不先看出它的好的地方，却专门去挑坏的；这样读书，就是读了百部千部，你会受到书的什么益处？读书是要先看出它的好处，再批评它的坏处，这才像吃东西一样，经过消化而摄取了营养。譬如《读通鉴论》，某一段该是多么有意义；又如某一段，理解是如何深刻。你记得吗？你懂得吗？你这样读书，真太没有出息！"这一骂，骂得我这个陆军少将目瞪口呆。脑筋里乱转着：原来这位先生骂人骂得这样凶！原来他读书读得这样熟！原来读书是要先读出每一部的意义！这对于我是起死回生的一骂。恐怕对于一切聪明自负但并没有走进学问之门的青年人、中年人、老年人，都是起死回生的一骂！近年来，我每遇见觉得没有什么书值得去读的人，便知道一定是以小聪明耽误一生的人。以后同熊先生在一起，每谈到某一文化问题时，他老人家听了我的意见以后，总是带劝带骂地说，“你这东西，这种浮薄的看法，难道说我不曾想到？但是，这如何说得通呢？再进一层，又可以这样地想……但这也说不通。经过几个层次的分析后，所以才得出这样的结论。”受到他老先生不断的锤炼，才逐渐使我从个人的浮浅中挣扎出来，也不让自己被浮浅的风气淹没下去，慢慢感到精神上总要追求一个什么。为了要追求一个什么而打开书本子，这和漫无目标的读书，在效果上便完全是两样。

自 1949 年与现实政治远缘以后，事实上也只有读书之一法。我原来的计划，要在思考力尚锐的时候，用全部时间去读西方有关哲学这一方面的书，抽一部分时间读政治这一方面的。预定到六十岁左右才回头来读线装书。但此一计划因为教书的关系而不能不中途改变。不过在可能范围以内，我还是要读与功课有关的西方著作。譬如我为了教《文心雕龙》，便看了三千多页的西方文学理论的书。为了教《史记》，我便把兰克、克罗齐及马伊勒克们的历史理论乃至卡西勒们的综合叙述，弄一个头绪，并都做一番摘抄工作。因为中国的文学史学，在什么地方站得住脚，在什么地方有问题，是要在大的较量之下才能开口的。我若不是先把西方伦理思想史这一类的东西摘抄过三十多万字，我便不能了解朱元晦和陆象山，我便不能写《象山学述》。因此，我常劝东海大学中文系的学生，一定要把英文学好。

当我看哲学书籍的时候，有好几位朋友笑我："难道说你能当一个哲学家吗？"不错，我不能，也不想。但我有我的道理：第一，我要了解西方文化中有哪些基本问题，及他们努力求得解答的经路。因为这和中国文化问题，常常在无形中成一显明的对照。第二，西方的哲学著作，在结论上多感到贫乏，但在批判他人、分析现象和事实时，则极尽深锐条理之能事。人的头脑，好比一把刀。看这类的书，好比一把刀在极细腻的砥石上磨洗。在这一方面的努力，我没有收到正面的效果，即是我没有成为一个哲学家，但却获到了侧面的效果。首先，每遇见自己觉得是学术权威，拿西化来压人的先生们时，我一听，便知道他在什么地方是假内行，回头来翻翻有关的书籍，更证明他是假内行（例如胡适之先生）。虽然因此而得罪了不少有地位的人，使自己更陷于孤立，但这依然是非常重要的；因为许多人受了这种假内行的唬吓，而害得一生走错了路，甚至不敢走路，耽搁了一生的光阴、精力。其次，我这几年读书，似乎比一般人细密一点、深刻一点；在常见的材料中，颇能发现为过去的人所忽略，但并非不重要的问题；也许是因为我这付像铅刀样的头脑，在砥石上多受了一点磨洗。

在浪费了无数精力以后，对于读书，我也慢慢地摸出了一点自己的门径。第一，十年以来，决不读第二流以下的书。非万不得已，也不读与自己的研究无关的书。随便在哪一部门里，总有些不知不觉地被人推为第一流的学者或第一流的书。

这类的书，常常是部头较大，内容较深。当然有时也有例外的。看惯了小册子或教科书这类的东西，要再向上追进一步时，因为已经横亘了许多庸俗浅薄之见，反觉得特别困难；并且常常等于乡下女人，戴满许多镀金的铜镯子，自以为华贵，其实一钱不值；倒不如戴一只真金的小戒指，还算得一点积蓄。这就是情愿少读，但必须读第一流著作的道理。我从前对鲁迅的东西，对河上肇的东西，片纸只字必读，并读了好几本厚的经济学的书，中间又读了不少的军事著作；一直到 1952 年还把日译拉斯基的著作共四种，拿它摘抄一遍。但这些因为与我现时的研究无关，所以都等于浪费。我一生的精力，像这样地浪费得太多了。垂老之年，希望不再有这种浪费。

第二，读中国的古典或研究中国古典中的某一问题时，我一定要把可以收集得到的后人的有关研究，尤其是今人的有关研究，先看一个清楚明白，再细细去读原典。因为我觉得后人的研究，对原典常常有一种指引的作用，且由此可以知道此一方面的研究所达到的水准和结果。但若把这种工作代替细读原典的工作，那便一生居人胯下，并贻误终身。看了后人的研究，再细读原典，这对于原典及后人研究工作的了解和评价，容易有把握，并常发现尚有许多工作须要我们去做。这几年来我读若干颇负声名的先生们的文章，都是文采斐然。但一经与原典或原料对勘，便多使人失望。至于专为稿费的东西，顶好是一字不沾。所以我教学生，总是勉励他们力争上游，多读原典。

第三，便是读书中的摘抄工作。一部重要的书，常是一面读，一面做记号，记号做完了便摘抄。我不惯于做卡片，卡片可适用于搜集一般的材料，但用到应该精读的古典上，便没有意思。书上许多地方，看的时候以为已经懂得；但一经摘抄，才知道先前并没有懂清楚。所以摘抄工作，实际是读书的水磨工夫。再者年纪老了，记忆力日减，并且全书的内容，一下子也抓不住，摘抄一遍，可以帮助记忆，并便于提挈全书的内容，汇成为几个重要的观点。这是最笨的工作，但我读一生的书，只有在这几年的笨工作中，才得到一点受用。

其实，正吃东西时，所吃的东西，并未发生营养作用。营养作用是发生在吃完后的休息或休闲的时间里面。书的消化，也常在读完后短暂的休闲时间；读过的书，在短暂的休闲时间中，或以新问题的方式，或以像反刍动物样的反刍的方式，若有意若无意地在脑筋里转来转去，这便是所读的书开始在消化了。并且许多疑难问题，常常是在这一刹那之间得到解决的曙光。我十二三岁时，读来《易》氏，对于所谓卦的错、综、互体、中爻等，总弄不清楚，我父亲也弄不清楚。有一天吃午饭，我突然把碗筷子一放："父，我懂了。"父亲说："你懂了什么？"我便告诉他如何是卦的错综等等，父亲还不相信，拿起书来一卦卦地对，果然不差。平生这类的经验不少，我想也是任何人所有过的经验。

一个人读了书而脑筋里没有问题，这是书还没有读进去，所以只有落下心来再细细地读。读后脑筋里有了问题，这便是扣开了书的门，所以自然会赶忙地继续努力。我不知道我现在是否走进了学问之门，但脑筋里总有许多问题在压迫我，催促我。支持我的生命的力量，一是我的太太及太太生的四个小孩；一是架上的书籍。现在我和太太都快老了，小孩子一个一个地都自立了，这一方面的情调快要告一结束。今后只希望经常能保持一个幼稚园的学生的心情，让我再读二十年书，把脑筋里的问题，还继续写一点出来，便算勉强向祖宗交了账。

（1959 年 10 月 1 日《文星》）

有关熊十力先生生平的只鳞片爪

此次在港，看到有朋友纪录熊先生的逸事，引起我不少的感想。我对先生追随日浅，只有片断的印象，所以自去年 5 月 23 日先生去世后，一直迟疑不敢动笔写点什么。但转念再过些时，会连已经开始模糊的片断印象也会忘掉，这便太辜负先生对我的期望。我没有记日记的习惯，而记忆力又差；此处所记的有关年月，可能小有出入。但不敢为半点无根之谈。其因误记而有错误及遗漏的地方，希望先生其他门人加以补正。

1969 年 12 月 2 日于香港新亚书院

一

我开始知道熊先生，是从友人贺君有年的口中得来的。贺君贫苦力学，文字及人品，均堪敬佩。他家与熊先生的故居黄冈但店附近的黄土坳，相距很近。我虽然是浠水县人，但家都是在两县交界之地，和先生的故里相距仅约十公里，可是从来不知道先生的姓字。民国十六年，陶子钦先生任第七军某师的师长，林君逸圣任师部参谋长，贺君因林之推荐，在师部任秘书，我在师政治部任宣传科长（师政治部主任为卢蔚乾先生，人极精干，长于草书），与贺君来往颇密。有一次，游南京鸡鸣寺，我作了一首七律诗给他看，他和了一首；但当面告诉我："以我所知道的你的文名，诗不应当只作到这个样子，很有点使我失望。"他这种对朋友的坦率态度，使我至今感念不忘。这年秋天，胡今予先生与白崇禧先生闹着意见，负气住在上海，胡所率领的刚成立不久的第十九军和第七军的一个师，暂由陶先生指挥，在南京附近的龙潭，与渡江的孙传芳部，打了一个狠仗，孙部被歼，陶先生指挥的部队，也牺牲惨重。当开追悼会时，贺君作了一副挽联，顺便记在这里，以表示对这位朋友的怀念。

龙潭一役，关党国兴亡。剧怜碧血横飞，电掣雷轰攻背水。

马革裹尸，是男儿志事。长祝青磷无恙，风凄月黑绕中山。

这年夏天，军队驻在芜湖的时候，有一次晚饭后（当时军队一天吃两餐，大概早上九时吃早饭，下午四时半吃晚饭），我们坐芜湖有名但并无风景可言的赭山（山名恐有误）的山腰聊天，贺君在谈天中，大大推服“熊子真先生”，说他如何精于佛学，精于先秦诸子之学，文章写得如何好。又说他和石蘅青、张难先都是好朋友；陈铭枢以师礼事之；蔡元培先生亦甚为推服，但他决不做官种种。更谈到他狂放不羁，侮蔑权贵；年轻时穷得要死，在××山寨（此山寨壁立千仞，风景极佳，我常从下面经过。贺君并念他自己游此山寨的诗，有“古寺荒凉绝人迹，我来天地正秋风”之句）教蒙馆，没有裤子换，一条裤子，夜晚洗了就挂在菩萨头上。我当时只是听着笑着，觉得很有意思，但没有引起进一步的感想。老实说，当时我非常自满，又不知学问为何物，自然引不起对学问的关心。

二

从民国三十二年起，我住在重庆南岸黄桷垭，与陶子钦先生时相过从。大概是三十三年春，在陶先生处看到熊先生所著《新唯识论》语体文本的上册，我借来随意翻阅，发现此书构思之精，用词之严，及辩证之详审，与夫文章气体之雄健，重新引起贺君对我所说的回忆，便进一步打听他老人家的情形，知道此时正住在北碚金刚碑勉仁书院，我便写了一封表示仰慕的信寄去。不几天，居然接到回信，粗纸浓墨，旁边加上红黑两色的圈点，说完收到我的信后，接着是“子有志于学乎，学者所以学为人也”两句，开陈了一番治学做人的道理。再说到后生对于前辈，应当有的礼貌，责我文字潦草，诚敬之意不足，要我特别注意。这封信所给我的启发与感动，超过了《新唯识论》。因为句句坚实凝重，在率直的语气中，含有磁性的吸引力。当然我立刻去信道歉，并说明我一向不能写楷字的情形。

这样通过几次信后，有一天先生来信说我可以到金刚碑去看他。我去后，他告诉我：“勉仁书院是梁漱溟先生主持的，有书院之名，并无书院之实。因梁先生经常在外，我只是在这里借住。”我看，环境很幽美，架上有梁先生的若干线装书。师母住在相隔约三百公尺远的地方。先生说：“要做学问，生活上应和妻子隔开。”后来有一次手指着我说：“你和太太、小孩子这样亲密，怎能认真读点书。”不过，先生有时以低沉有力的语气远远指着师母背后向我说：“这个老妇人呀！”说这一句后，再没有下文，可能先生是有点惧内的。有一次，我做梦在故乡过旧历年，先生在我家里忙着写春联，醒后便用元遗山呈苏内翰诗的韵，作了一首诗寄给他老人家。他老人家得诗大喜，复书有谓“但愿能太平乡居，来汝家写春联也”。

三

大概在民国三十四年春天，我去金刚碑看先生，临走时，送我送得很远，一面走，一面谈，并时时淌下眼泪。下面所记，是残缺不全的当时先生告诉我的一些话。

我家非常贫苦。先父笃学励行，不善谋生（按好像没有得到秀才），并在我八九岁时就死去了。未死以前，早晚教我读一点书。死后，既无力从师，又没有什么生活事情给我做，便常背着称（秤），随着哥哥在乡下卖黄瓜鱼（按这是长三四寸的一种廉价的咸鱼）。就这样浪荡了几年。我有一位长亲（按先生当时说了姓名，已忘记）看到我这种情形，常常痛惜地说："××（按指先生的父亲）一生忠厚，有个好儿子，却就这样地糟蹋了。"离我家不远的地方有位何先生（按先生当时说了何先生的名字，我忘记了。我小时，常常听到先父提起何家寨有位何炳黎先生号昆暗，以举人留学日本，学问很好，不知是否即系这位先生），当时声名很大，学问很好，乡下有钱的人，常出重金聘请教授自己的子弟。我的那位长亲，和何先生谈到我，这位何先生说可以到他教书的地方搭学（按主要是教出高聘金者的子弟。其他子弟则称为"搭学"，乃附读之意），不要学钱。我去搭学后，何先生对我的启发性很大，进步很快。同学二三十人，我的年龄最小；但开始作文，何先生对我作的，总是密圈密点，许为全校第一，这便引起年长的同学的反感，尤其是那位富家子的反感，常常讥笑我说："这个模样就是第一呀！"有一次我忍耐不住，当他又到我面前讥笑时，我在桌上一巴掌，“老子是第一，你便把老子怎样？”大闹一顿。闹完之后，正是六月左右，家里也没有米送来吃饭，我便休学回家。我一生真正只读这半年书。当离校时，何先生流着眼泪送我，安慰我，勉励我，要我自己不断努力。现在回想起来，这位何先生实在是有学问的，他是我的恩师。我要为他写篇传，因为他生平有些情形我不清楚，所以一直没有写。

先生说上面一段话时，黄豆大的眼泪，不断地从眼角掉了下来。先生继续说：

回家后，贫无所事，自己也浏览点篇籍，但不能以此为常课。不过文章出于天赋，乡人也渐渐知道我的文章写得不错。贫极无法自存，乃约了五六个孩子，在一个山寨的破庙上教蒙馆（按即贺君所述者）。后闻武昌募新军，遂投身入伍，入伍后与王汉等数人谋革命（按王汉以谋刺铁良未成身死，先生有《王汉传》，文甚悲壮），几死者数，逃归故里。辛亥革命，以首义论功，派为都督府参谋。（一说，先生是在本县黄冈策动反正，在黄冈县之临时机构中任参谋，与我所记忆者有出入。）及裁军之议起，我愿意受资遣散。黄冈人稠地贵，拿的遣散费不足建立生事基础。闻江西德安地广人稀，鱼米之乡，乃往购置田宅，嘱弟兄前来耕种，仅能糊口。此时我已三十多岁，开始认真读先秦诸子之书。中间曾往广州，想继续参加革命事业。大家住在旅馆里，终日言不及义，亦无所用心。我当时想，由这样一群无心肝的人革命，到底革到什么地方去呢？又愤然回到德安，攻苦食淡。住在武汉的某君（按先生当时说有姓名，已忘记，可能是江苏人）看到我与友人的通信，认为我有学问，能文章，遂介绍到江苏某中学（按当时亦说有地名校名，已忘记）教书。

八月中旬起程，途经南京，稍停数日，闻有宜黄欧阳竟无大师，立支那内学院讲唯识论，朝野推重。乃辞去中学教职，留南京请为弟子。当时在大师门下者多一时名士，以梁任公的大名，亦俯首居弟子之列。我以一寒伧村野之人，侧居其间，当然不会受到大师的重视。我穷得只有一条裤子（按系中装的长裤子），于就寝前洗涤，俟次晨干时穿上。若次晨未干，便只好穿一件空心长衫。后为同门所知，常以此取笑，为我取了一个诨名（按先生当时说是什么道人，已忘记），但我日夜穷探苦索，不久开始草《新唯识论》，大师并不知道。有一年，北大校长蔡元培先生来南京晤欧阳大师，欲欧阳大师推荐一门人往北大教唯识论，大师请蔡先生自己选择，蔡先生乃与院内同门分别接谈；和我接谈时，我出《新唯识论》稿，蔡先生大为惊叹，遂面约赴北大为特约讲师。我素不上教室，选课者来我住处讲授。旋《新唯识论》初稿印出，内学院大哗，同门承欧阳大师之意，刊《破新唯识论》，我亦草《破破新唯识论》以应之。大师命门人不必继续争辩。《新论》得浙江马一浮先生序，推许备至，遂引起学术界的注意。

因我治学太迟，自到内学院，转北京大学，用力太猛，先得咯血症，旋又得漏髓病，气体大耗，严冬不能衣裘烤火，乃在杭州养病。因曾参加革命，所以在政府中也有几个好朋友，如石蘅青、张难先、陈铭枢等。在养病中偶然也谈到政治问题。但我认为欲救中国，必须先救学术，必须有人出来挺身讲学，以造成风气。此意，蔡孑民先生甚赞成，然亦始终无从下手。我读书不博，许多构思甚久的东西，未能动笔写出，这是使我心里常常不安的。

我因问到欧阳大师的情形，先生说：

大师是豪杰之士。唯识自玄奘后，遽成绝学，沉埋千载；得大师起而振发之，遂使慧日重光，这当然是了不起的一件事。大师甚精选学（按：指《昭明文选》），文辞沉雄桀崛，亦为当今第一人。但他是佛学中的汉学家、考据家，在义理方面有所不足。他的院训及各经叙录，当然是天壤间的大文章。

先生又反复地说：

天下汩没于势利，知识分子丧心病狂，真有使我发生将万世为奴的感慨。一二人之力，单薄孤危，要挽救也无济于事。党人以势利相结合，尤不可言。所以我常想，应当以讲学结合有志之士多人，代替政党的作用，为国家培植根本，为社会转移风气。你不要小看了讲学的力量，朱九江先生（按先生平日谈天中，盛推九江先生，谓其书札字字皆香，盖因其人格高也），一传为康南海之万木草堂，卒以此振撼一个时代。杨仁山先生一传而为欧阳大师，其所讲者内学；然及门之盛，亦不可谓对时代无影响。天下事，是急功近利不得的。

四

先生讲完了上面的话，并叮嘱谓“我少年的情形，在我未死以前，不必发表”。这意思，是要我在他死后发表的。当时在落日苍黄中分手，先生所说的种种，一直在脑筋中翻腾上下，引起很复杂的感想。迄今二十多年，不仅我个人百无一成，连先生当时叮嘱郑重的语言，也记忆得模糊不清了。

民三十四年冬，先生到重庆候船东下，住在我家里。小女均琴，刚刚三岁，先生问她：“喜不喜欢我住在你家？”“不喜欢。”“为什么？”“你把我家的好东西都吃掉了。”先生大笑，用胡须刺她的鼻孔说：“这个小女儿一定有出息。”

新亚书院哲学系的书柜上，安置有放大了的先生半身照片，神采奕奕；当我坐在办公桌上，即照临在我的面前，一如耳提面命。办公桌玻璃板下，压放着影印的先生给唐君毅兄的短札墨迹，借此机会，抄录在下面：

又告君毅，评唯物文，固不可不多作。而方正学、王洙、郑所南、船山、亭林、晚村诸先贤倡民族思想之意，却切要。此一精神树不起，则一切无可谈也。名士习气不破除，民族思想也培不起。名士无真心肝，不求正知正见，无真实力量，有何同类之爱，希独立之望乎。此等话说来，必人人皆曰，早知之。其实确不知。陶诗有曰，摆落悠悠谈，此语至深哉。今人摇笔弄舌，知见多极，实皆悠悠谈耳。今各上庠名流，有族类沦亡之感否。

今日上庠名流，乃争以族类沦亡为取利的手段；在现实上虽无卖国之权，乃以薄利出卖民族精神所寄托的历史，一切按出钱豢养之主人的意志而加以歪曲，以迎合其深藏的祸心。此其毒，或较政治上之汉奸为尤酷尤惨。记述先生的志事，如深闻先生彷徨绕室时长叹深喟之声。则我为反对奖励文化汉奸而遭洋奴土奴之侮辱，在这一点上，或尚可面对先生之遗照而稍无愧色。

（1970年1月1日《中华杂志》）

我的母亲

位于台中市大度山坡上的东海大学的右界，与一批穷老百姓隔着一条乾溪。从乾溪的对岸，经常进入到东海校园的，除了一群穷孩子以外，还有一位老婆婆，身材瘦小，皱纹满面，头上披着半麻半白的头发。她也常常态度安祥地，有时带着一个孩子，有时是独自一个人，清早进来，捡被人抛弃掉的破烂。我有早起散步的习惯。第一次偶然相遇，使我蓦然一惊，不觉用眼向她注视；她却很自然地把一只手抬一抬，向我打招呼，我心里更感到一阵难过。以后每遇到一次，心里就难过一次。有一天忍不住向我的妻说："三四十年来，我每遇见一个穷苦的婆婆时，便想到自己的母亲。却没有像现在所经常遇见的这位捡破烂的婆婆，她的神情仿佛有点和母亲相像，虽然母亲不曾捡过破烂。你清好一包不穿的衣服，找着机会送给她，借以减少我遇见她时所引起的内心痛苦。"妻同意我的说法，但认为“送要送得很自然，不着形迹”。这种自然而不着形迹的机会并不容易，于是有一次便请她走进路旁的合作社，送了她一包吃的东西。这位婆婆表示了一点惊奇的谢意后，抬起一只手打着招呼走了。

现在我一个人客居香港，旧历年的除夕，离着我的生日只有三天。不在这一比较寂静的时间，把我对自己母亲的记忆记一点出来，恐怕散在天南地北的自己的儿女，再不容易有机会了解自己生命所自来的根生土长的家庭，是怎么一回事。但现在所能记忆的，已经模糊到不及百分之一二了。

一

浠水县的徐姓，大概是在元末明初，从江西搬来的。统计有清一代，全县共有二百八十多名举人，我们这一姓，便占了八十几个。我家住在县城北面，距县城约六十华里的徐�坳凤形塆。再向北十五华里，是较为有名的团陂镇。团陂镇过去三里，是与黄冈县分界的巴河。巴河向上十多里又与罗田县分界，便称为界河。据传说，徐姓初迁浠水的始祖，是葬在古田畈附近的摩泥（泥鳅的土名）地，古田畈及县城附近的徐姓，最为发达；许多举人进士，都是属于这一支的。我们这一支，又分为军、民两分（读入声），这大概是由明代的屯卫制而来。在界河的徐姓是民分，而我们则是军分。

军分的祖先便是“瑄”祖。村子的老人们都传说，他是赤手成家，变成了大地主的人。因为太有钱，所以房子起得非常讲究，房子左右两边，还做有“八”字形的两个斜面照墙，这是当时老百姓不应当有的，因此曾吃过一场官司。八字形的斜面照墙，在我们小时，还留有右边的一面。而早经垮掉的老大门，石头做的门顶梁和石头柱子，横卧在地上，相当地粗大。上面的传说，可能有些根据。

瑄祖死后，便葬在后面山上。在风水家的口中，说山形像凤，所以我们的村子便称为凤形塆。瑄祖有六个儿子，乡下称为“六房”，我们是属于第六房的。由瑄祖到我，大概是十二代，所以瑄祖应当是明末的人。若以凤形塆为基准，则凤形塆右前方的村子，我们称为“对面塆”，又称“老屋”；这是第六房原住的村子，在曾祖父时才搬过来的。隔一道山冈的左后方村子是“楼后塆”，住着第三房的子姓。从左前方的田畈过去的村子，住着二十多家的杨姓人家，我们就称他们的村子为“杨家的”。

大概在曾祖父的时候，因洪杨之乱，由地主而没落下来，生活开始困难。祖父弟兄三人，伯祖读书是贡生，我的祖父和叔祖种田。祖父生子二人，我的父亲居长，读书，叔父种田。伯祖生三子，大伯读书，二伯和六叔种田。叔祖生二子，都种田。若以共产党所定的标准说，我们都应算是中农。但在一连四个村子，共约七八十户人家中，他们几乎都赶不上我们；因为他们有的是佃户，种出一百斤稻子，地主要收去六十斤到七十斤，大抵新地主较老地主更为残刻；有的连佃田也没有。在我记忆中，横直二三十里地方的人民，除了几家大小地主外，富农、中农占十分之一二，其余都是一年不能吃饱几个月的穷苦农民。

二

我母亲姓杨，娘家在离我家约十华里的杨家塆，塆子比我们大；但除一两家外，都是穷困的佃户。据母亲告诉我，外婆是"远乡人"，洪、杨破南京时，躲在水沟里，士兵用矛向沟里搜索，颈碰着矛子穿了一个洞，幸而不死，辗转逃难到杨家塆，和外公结了婚，生有四子二女；我母亲在兄弟姊妹行，通计是第二，在姊妹行单计是老大。我稍能记事的时候，早已没有外婆外公。四个舅父中，除三舅父出继，可称富农外，大舅二舅都是忠厚穷苦的佃农。小舅出外佣工，有很长一段时间，在下巴河闻姓大地主（闻一多弟兄们家里）家中当厨子。当时大地主家里所给工人的工钱，比社会上一般的工钱还要低，因为工人吃的伙食比较好些。

母亲生于同治八年，大我父亲两岁。婚后生三男二女：大姐缉熙，后来嫁给"姚儿坳"的姚家。大哥纪常，种田，以胃癌死于民国三十五年。细姐在十五六岁时夭折，弟弟孚观读书无成，改在家里种田。1949 年 10 月左右，我家被扫地出门，母亲旋不久死去，得年约八十岁。

三

父亲读书非常用功，二十岁左右，因肺病而吐血，吐得很厉害；幸亏祖母的调护，得以不死。祖母姓何，是何家铺人，听说非常能干，不幸早死，大概我们兄弟姊妹都没有看到。可能因为父亲的天资不高，所以连秀才也没有考到。一直在乡下教蒙馆，收入非常微薄。家中三十石田（我们乡间，能收稻子一百斤的，便称为一石），全靠叔父耕种，勉强维持最低生活。所以母亲结婚后，除养育我们兄弟姊妹外，弄饭、养猪等不待说，还要以“纺线子”为副业，工作非常辛苦。她的性情耿直而忠厚。我生下后，样子长得很难看，鼻孔向上，即使不会看相的人，也知道这是一种穷相；据说，父亲开始不大喜欢我。加以自小爱哭爱赌气，很少过一般小孩子欢天喜地的日子。

到了十几岁时，二妈曾和我聊天：“你现在读书很乖，但小时太吵人了。你妈妈整天忙进忙出的，你总是一面哭，一面吊住妈妈上褂的衣角儿，也随着吊出吊进，把你妈妈的上褂角儿都吊坏了。我们在侧面看不过眼，和她说，这样的孩子也舍不得打一顿？但你妈总是站住摸摸你的头，儿上几声，依然不肯打。”真的，在我的记忆里，只挨过父亲的狠打，却从来没有挨过母亲一次打。有一回我在稻场上闹得太不像话了，母亲很生气，拿着一枝竹条子来打我；我心中一急，便突然跑到她怀里去，用脸挨着她的胸口，同时用手去抢住竹条子，原来是一枝大茅草梗，母亲也就摸着我的头笑了。这一次惊险场面，至今还记得清清楚楚。

四

叔父只有夫妇两人，未生儿女。他一人种田，要养活我们兄弟姊妹“这一窝子”，心里总有一股怨气；但他不向我父亲发作，总是向我母亲发作；常常辱骂不算，还有时动手来打。我印象最深的一次是，叔父在堂屋的上边骂，母亲在堂屋的下边应，中间隔一个天井。一下子，叔父飞奔而前，揪住母亲的头发，痛殴一顿。母亲披着头发叫，我们一群小孩躲在大门角里哭。过了一会儿，才被人扯开。父亲是很爱自己的弟弟的，加以他到黄州府去应考，一百二十里路，总是由叔父很辛苦地挑行李。考了二十多年，什么也没有考到，只落在乡间教蒙馆，对叔父会有些内疚。所以在这种场面，还要为叔父帮点腔，平平叔父的气。

叔父这样打骂我母亲的目的，是要和父亲分家，结果当然只好分了。叔父分十五石田和一点可以种棉花的旱地，自种自吃，加上过继的弟弟，生活当然比未分时过得很好。但我们这一家六口，姐姐十三四岁，哥哥十一二岁，细姐十岁左右，我五六岁。父亲“高了脚”，不能下田；妈妈和姐姐的脚，包得像圆锥子样，更不能下田；哥哥开始学“庄稼”，但只能当助手；我只能上山去砍点柴，有时放放牛，但牛是与他人合伙养的。所以这样一点田，每年非要请半工或月工，便耕种不出。年成好，一年收一千五百斤稻子，做成七百五十斤米，每年只能吃到十二月过年的时候；一过了年，便凭父亲教蒙馆的一点“学钱”，四处托人情买米。

学钱除了应付家里各种差使和零用外，只够买两个多月的粮食，所以要接上四月大麦成熟，总还差一个多月。大麦成熟后，抢着雇人插秧，不能不把大麦糊给雇来的人吃。大麦吃完后，接着吃小麦；小麦吃完后要接上早稻成熟，中间也要缺一个月左右的粮；这便靠母亲和大姐起五更睡半夜的“纺线子”，哥哥拿到离家八里的黄泥嘴小镇市去卖。在一个完全停滞而没落的社会中，农民想用劳力换回一点养命钱，那种艰难的情形，不是现在的人可以想象得到的。大姐能干，好强，不愿家中露出穷相，工作得更是拼命。村子的人常说“他家出女儿不出儿子，几代都是这样”。因为早死的姑母也是如此。我还记得的一次，家里实在没有任何东西可吃了，姐姐又不肯向人乞贷，尤其是不愿借叔父的；她就拿镰刀跑到大麦田里，找快要成熟的，割了一抱抱回家，把堂屋的一张厚木桌子侧卧下来，用力将半黄的大麦穗，一把一把地碰击到侧卧着的桌面上，把麦子碰击下来；她一面碰击，一面还和我们说着笑着。母亲等着做麦糊的早饭。

五

我们四围是山，柴火应当不成问题。但不仅因我家没有山，所以缺柴火；并且因为一连几个村子，都是穷得精光的人家占多数，种树固然想不到，连自然生长的杂木，也不断被穷孩子偷得干干净净。大家不要的，只有长成一堆一堆的"狗儿刺"及其他带刺的藤状小灌木。家里不仅经常断米，也经常断柴。母亲没有办法，便常常临时拿着刀子找这类的东西，砍回来应急；砍一次，手上就带一次血。烧起来因为刚砍下是湿的，所以半天烧不着，湿烟熏得母亲的眼泪直流。一直到后来买了两块山，我和父亲在山上种下些松树苗，才慢慢解决了烧的问题。分得的一点地，是用来种棉花和长豆角的。夏天开始摘长豆角，接上秋天捡棉花，都由母亲包办。有时我也想跟着去，母亲说"你做不了什么，反而讨厌"，不准我去。现在回想起来，在夏、秋的烈日下，闷在豆架和棉花灌木中间，母亲是怕我受不了。我们常常望到母亲肩上背着一满篮的豆角和棉花，弯着背，用一双小得不能再小的脚，笃笃地走回来；走到大门口，把肩上的篮子向门蹬上一放，坐在大门口的一块踏脚石上，上褂汗得透湿，脸上一粒一粒的汗珠还继续流。当我们围上去时还笑嘻嘻地摸着我们的头，捡几条好的豆角给我们生吃。在我的记忆中，只有当我发脾气，大吵大闹，因而挨父亲一顿狠打时，母亲才向父亲生过气，却不曾因为这种生活而出过怨言，生过气。她生性乐观，似乎也从不曾为这种生活而发过愁。当她拿着酒杯，向房下叔婶家里借点油或盐以及还他们的一杯油一杯盐时，总是有说有笑地走进走出。母亲大概认为这种生活和辛苦，是她的本分。

六

辛亥革命那一年，我开始从父亲发蒙读书，父亲这年设馆在离家三里的白洋河东岳庙里。在发蒙以前，父亲看到我做事比同年的小孩子认真，例如一群孩子上山砍柴（实际是冬天砍枯了的茅草），大家总是先玩够了，再动手。我却心里挂着母亲，一股正经地砍；多了拿不动，便送给其他的孩子。放牛绝不让牛吃他人的一口禾稼，总要为牛找出一些好草来。又发现我有读书的天资，旁的孩子读《三字经》，背不上，我不知什么时候听了，一个字也不认识地代旁的孩子背。所以渐渐疼我起来。

这年三月，不知为什么，怎样也买不到米，结果买了两斗豌豆，一直煎豌豆汤当饭吃，走到路上，肚子里常常咕噜咕噜地响，反觉得很好玩。到了冬天，有一次吹着大北风，气候非常冷，我穿的一件棉袄，又薄又破了好几个大洞；走到青龙嘴上，实在受不了，便瞧着父亲在前面走远了，自己偷偷地溜了回来。但不肯把怕冷的情形说出口，只是倒在母亲怀里一言不发地赖着不去。母亲发现我这是第一次逃学，便哄着说："儿好好读书，书读好后会发达起来要做官的。"我莫名其妙地最恨"要做官"的话，所以越发不肯去。母亲又说："你父亲到学校后没有看到你，回来会打你一顿。"这才急了，要母亲送我一段路，终于去了。可是这次并没有挨打。父亲因为考了二三十年没有考到秀才，所以便有点做官迷，常常用做官来鼓励我；鼓励一次，便引起我一次心里极大的反感。母亲发现我不喜欢这种说法后，便再也不提这类的话。有时觉得父亲逼得我太紧了，所以她更不过问我读书的事情。过年过节，还帮我弄点小手脚，让我能多松一口气。

十二岁我到县城住"高等小学"，每回家一次，走到塘角时，口里便叫着母亲，一直叫到家里，倒在母亲怀里大哭一场；这种哭，是什么也不为的。十五岁到武昌住省立第一师范，寒暑假回家，虽然不再哭，但一定要倒在母亲怀里嗲上半天的。大概直到民国十五年以后，才把这种情形给革命的气氛革掉了，而我已有二十多岁。我的幼儿帅军，常常和他的妈妈嗲得不像样子，使他的两个姐姐很生气；但我不太去理会，因为我常常想到自己的童年时代。

以后我在外面的时候多，很难得有机会回到家里；即使回去一趟，也只住三五天便走了。一回到家，母亲便拉住我的手，要我陪着她坐。叔婶们向母亲开玩笑说，“你平时念秉常念得这厉害，现在回来了，把心里的话统统说出来吧。”但母亲只是望着我默默地坐着，没有多少话和我说；而且在微笑中，神色总有点黯然。我的世面见得多了，反而形成母子间的一层薄雾，这就是我所能得到的文化。

七

民国三十五年五月初，我由北平飞汉口，回到家里住了三四天。母亲一生的折磨，到了此时，生命的火光已所余无几；虽然没有病，已衰老得有时神智不清。我默默地挨着她一块儿坐着，母亲干枯的手拉着我的手，眼睛时时呆望着我的脸。这个罪孽深重的儿子，再也不会像从前样倒在她怀里，嗲着要她摸我的头，亲我的脸了。并且连在一块儿的默坐，也经常被亲友唤走。我本想隐居农村，过着多年梦想的种树养鱼的生活。但一回到农村，亲戚朋友、左邻右舍，都是千疮百孔。而我双手空空，对他们，对自己，为安排起码的生活也不能丝毫有所作为。这种看不见的精神上的压力，只好又压着我奔向南京，以官为业。此时我的哥哥已经在武昌住医院。我回到南京不久，哥哥死在武昌了，以大三分的利息借钱托友人代买棺材归葬故里，这对奄奄一息的母亲，当然是个大打击。此后土崩瓦解，世局沧桑，我带着妻子流亡海外。当时估计，我家此时已由中农升进到富农，但绝对没有资格当地主。弟弟和侄儿侄女们，应当凭劳力在自己的故乡生存下去；而我的内心，是深以出外逃亡为悲痛的，所以劝他们都安心留在故乡不动。等到知道 1949 年 10 月，已被扫地出门……母亲当然迅速倒下，而我也由此抱终天之恨，与乡土永隔。[①]

（1970 年 3 月《明报月刊》）

① 编者注：徐复观先生晚年向往祖国之情甚切，其寄友人吴仲介诗云："浩劫荒荒事已过，喜闻重整好河山。衰年许下归根愿，约取秋来共看禾。"与故乡老友通信，表示："倘得政府允许，亦当埋骨灰于桑梓。"徐先生于 1982 年 4 月在台湾逝世，亲属遵其遗嘱，于 1987 年将其骨灰归葬故里。

牟宗三

牟宗三先生（坐者）与友人合照，时年二十七岁

牟宗三先生

1970 年，牟宗三先生与唐君毅（左一）、程兆熊（左二）、徐复观（右二）合影于香港

牟宗三简介

（1909—1995）

牟先生名宗三，字离中，山东省栖霞县人，生于1909年。幼时聪颖，喜读书。1927年，入国立北京大学预科，二年后直升哲学系，受业于湖北黄冈熊十力先生门下。

在北大求学期间，正逢五四运动后期，各类思潮学说澎湃激荡。他研读《朱子语类》因而引发了直觉的解悟，顺此兴会注意了当时流行于国内的西方学说；诸如柏格森的创化论、杜里舒的生机哲学、杜威的实用主义、达尔文的进化论等。此外也喜爱罗素哲学、数理逻辑和新实在论。而课余进修的兴趣重点，则集中于《易经》与怀特海哲学的研究。从怀特海哲学中引发了对宇宙论的兴趣，更由于广读易书，由此而认知中国除了历圣相承的“仁教”之外，另有一个“智学”的传统。

1933年，自北大毕业，先后执教于华西大学、中央大学、金陵大学等校，讲授逻辑与西方哲学，并出版《从周易方面研究中国的玄学与道德哲学》《逻辑典范》等著作。自三十岁后至四十岁间，由于致力于逻辑数学的解析，遂由了解康德的《纯粹理性批判》，进而修正、重建十余年致学的重心，完成《认识心之批判》，将西方近代学术的两大骨干：罗素的《数学原理》以及康德的《纯粹理性批判》，融和调适，扭转罗素的歧出，察照康德的不足。

1949 年往台湾，任教于师大与东海大学。主授逻辑、中国哲学史及人文课程。在台湾期间，本于对国家民族、历史文化、时代学术的沉痛感受，乃发愤从根本处疏导中华文化生命的本性，进而谋求民族生命的远大前途。这段沉潜反省期间写成《道德的理想主义》《历史哲学》《政道与治道》三本著作，这些书有着共同的目的，即本于中国的内圣之学以解决外王事功的问题。尤其在政治方面，更笃认必须在治道之外，再开出政道，守足以完成近代意义的民主建国理想。

1960 年，离台赴香港大学讲学，后由港大转任香港中文大学新亚书院哲学系系主任。前后教授过魏晋玄学、宋明理学、南北朝隋唐佛学以及康德哲学、知识论等课程。1974 年退休，专任新亚研究所教授。

自五十岁后，始终本于强烈的文化意识与学术意识，致力于儒释道三家义理的疏解。诸如《才性与玄理》《心体与性体》《佛性与般若》三本书，即阐释自魏晋起，中国学术的脉络发展，以及儒释道三教的义理系统。除了旧学的邃密加深外，亦兼顾到新知的涵养与开发，以期能光大中国哲学的传统，开创民族文化的生命。本于此，除了翻译康德的《纯粹理性批判》和《实践理性批判》外，并先后写成《智的直觉与中国哲学》及《现象与物自身》二书，立基于中国哲学的传统，谋求与康德哲学会合，更借以显现中国传统哲学的价值，以弥补康德哲学的不足。

说“怀乡”

叫我写“怀乡”，我是无从写起的。这不是说我的故乡无可怀，乃是我自己主观方面无有足以起怀的情愫。我爱山东，我也讨厌现时的山东；我爱中国，我也讨厌现时的中国；我爱人类，我也讨厌现时的人类。

试看，我这种爱憎，完全是一种一般的抽象的，也可以说是客观的情绪（寡头的客观情绪）。

我讨厌现时的人类，但我的内心不能冷到完全是厌离的境地。可见我对于人类有内在的爱恋，因为是“人”，所以我爱他。这还是孔子“吾非斯人之徒与而谁与”的意识，但这只是抽象地，一般地说。

因为是人，就要真正地是一个“人”，同时就要真正地把人当人看。因此，我反对一切不把人当人看的理论与行动。“人是人”这一句重复的语句，这一句不把人下定义，不还原为另一种动物或另一种概念的语句，是多么庄严而警策。因为是人，就要真正地是人，这含有多么崇高而丰富的意义。这点，我深深地起敬畏之系念。

可是，你知道，这只是一个抽象的系念。落在具体上，无论是山东人、中国人以及现时风气中的人类，我都有点木然。我当然有我敬爱的知交师友。但是一个人只能说有几个知交师友，那也就太孤零，太寡淡而乏陪衬了。虽说人生得一知己而可以无憾，但是若有陪衬，则以无知己为憾；若无陪衬，而徒有少数知交，则反以无陪衬为憾。在此，我可以说，我的情感似乎是受了伤。所谓受伤，不是说受了什么挫折或打击，乃是说先天上根本缺乏了培养，也就是缺乏了陪衬。

对于乡、国、人类，不应当只是抽象的爱，还要有具体的爱，这便须要有陪衬。怀乡，也须要有陪衬，否则，是无可怀的。这就是我所说的主观方面无足以起怀之情愫。

现在的人太苦了，人人都拔了根，挂了空。这点，一般说来，人人都剥掉了我所说的陪衬，人人都在游离中。可是，唯有游离，才能怀乡，而要怀乡，也必是其生活范围内，尚有足以起怀的情愫。自己方面先有起怀的情愫，则可以时时与客观方面相感通，相粘贴，而客观方面始有可怀处。虽一草一木，亦足兴情。君不见，小品文中常有“此吾幼时之所游处、之所憩处”等类的话头吗？不幸，就是这点足以起怀的引子，我也没有。我幼时当然有我的游戏之所，当然有我的生活痕迹，但是在主观方面无有足以使我津津有味地去说之情愫。所以我是这个时代大家都拔根之中的拔根，都挂空之中的挂空，这是很悲惨的。

我是一个农家子弟，又生长于一个多兄弟姐妹的家庭，而又天天忙于生活的穷困家庭，只有质而无文的家庭，本是很少枝叶的。兄弟姐妹多了，父母对子女的娇爱就减少，穷困则无暇多顾念。因此，我自幼就是一个于具体生活方面很木然生疏的混沌。唯一使我怀念的还是那种暮色苍然中几匹大骡子急急奔野店的情景，但这太苍茫了。又使我常常想起的，则是在我十三四岁的时候，一个马戏班子骑在马上跑的那个小女孩。我当时莫名其妙地非想去看她不可，这也许就是所谓爱情了。我一生只有那么一点罗曼司的爱苗；但从此以后，也就斩断了。就是对那个马戏班子的小女孩起爱怜，其情景也未免太流动，太飘忽了。及至在北平读大学了，暑假回家的时候，我还是常常睡在村庄的野外，或打麦的广场上。到上学了，也无人过问，说走就走了，只是先父偶尔嘱咐几句就完了。我现在想想，那还是生命的健旺。各人忙各人的，很少有离别之情。只是抗战那一年，我离家时便不同了。先父那时已年老了（先母已先去世），我感觉到他老人家英雄气短，儿女情长的神色。

我这么一个在苍茫气氛中混沌流荡的人，在生活上，实在太孤峭乏润泽了。直到现在，我还是一个几乎无生活的人。譬如对于一般人的来来往往，若有若无，似乎皆不在心上。凡足以成礼饰情的事，我皆未寄以任何注意。我不往，你因而不来，亦无所谓。普通人都说我傲慢，实则这是不恰当的，我在谦虚或傲慢方面，实在是没有什么意识的。凡不可以谈的，我不愿谈，我也未故示谦虚，也未有意傲慢；凡可以谈的，我就尽量地谈，不分昼夜地谈。普通人说，爱情无条件，无贵贱；性情之交谈，真理之交悟，亦是如此。然须知这不是日常的具体生活。虽不是傲慢，然这里的孤峭，亦不是人生之幸福。

我愈孤峭，愈离现实，我平常写的那些文章，发的那些议论，只是兴趣之不容已，只是内在的“是非之追求”。我之写文章，就好像是一个艺术品之铸造。铸造成了，交付出去就算完了。我没有必期人懂之意念，我把道理说出来，置诸天壤间，悟者自悟，迷者自迷。我也没有据为己有的意思，好像是我创造出来，我就不管了。我也没有期人称赞的要求。我当然不能说完全无好名心，但这方面实在并不强烈。

这种倾向，是我常常感到的，这是一种艺术性的倾向。但是近来我写文章的意识又稍有转进。这与本文的说“怀乡”有关系。我由艺术性的兴趣之不容已，转到道德性的担负之不容已。我感觉到现在的人太苦了，连我自己也在内，实在有使其置根落实的必要。置根是对前面所说的拔了根说，落实是对前面所说的挂了空说。我近年来很意识到：我所发的那些思想，完全是想从崩解堕落的时代，涌现出足以安定人生建立制度的思想系统上的根据。要做这步工作，其心思必须是综合的、上提的。因为在这塌下来、一切都落了空的时代，要想重新涌现出一个安定人生建立制度的思想系统，必须是翻上来而从根上滋生我们的指导观念。这里面含有三事：一是疏导出民主政治的基本精神，以建立政治生活方面的常轨；二是疏导出科学的基本精神，以建立知识方面的学问统绪；三是疏导出道德宗教之转为文制的基本精神，以建立日常生活方面的常轨。凡是说到基本精神处，都是说的足以安定人生建立制度的思想系统。而此思想系统的涌现，又必须从贯通中西文化发展的脉络途径与夫其程度处着眼，始能真实不谬，确定不疑。这是我个人以及几位朋友所努力从事的。

我现在已无现实上的乡国人类之具体的怀念。我只有这么一个孤峭的、挂了空的生命，来从事一般的、抽象的、足以安定人生建立制度的思想系统之厘清。这只是抽象的怀念，对于“人之为人”的本质之怀念。以前孔子说：“老者安之，少者怀之，朋友信之。”寥寥数语，真是王道之大端。现在不但是老者少者须要安怀，一切人都须要安怀。这就必须重新来一个文化的反省，思想系统的厘定。张横渠说：“为天地立心，为生民立命，为往圣继绝学，为万世开太平。”这四句话，在这里真有其切实的意义，并非是些空洞的大话。我们往常不解，我现在才真正感到了。试想在这个拔了根，落了空的时代，人类真是没有命，这如何能不需要“为生民立命”呢？天地以生物为心，人类没有命了，天地的心在哪里？所以“为生民立命”，也就是一个仁心之不容已，也就是“为天地立心”了。往圣千言万语，所念念不忘者，总在此事，这不是科学所能担负的。所以在科学以外，必须承认有道德宗教的圣贤学问。所以为生民立命，为天地立心的大业，也就是为往圣继绝学，为万世开太平了。我以前有诗云：“上苍有眼痛生民，留取丹心争剥复。”我现在也只有这一点丹心，尚未泯灭。

人类有了命，生了根，不挂空，然后才有日常的人生生活。离别，有黯然销魂之苦；团聚，有游子归根之乐。侨居有怀念之思，家居有天年之养。这时，人易有具体的怀念，而民德亦归厚。

吾友唐君毅先生曾云：“人自觉地要有担负，无论是哪一面，总是痛苦的。”此言甚善。一定要以天下为己任，一定要以道为己任，其生命中总不免有破裂。即偏倾在某一面，而有了个沉重的担负。若是生在太平盛世，则不识不知，顺帝之则，岂不是好？否则，若只是顺艺术性的兴趣之鼓舞，则亦随时可以起，随时可以止。此亦是充实饱满之自娱。再不然，上上者“无适也，无莫也，义之与比”，“无可无不可”。此是大圣人之圆盈浑化，若没有先天的根器，很难至此。不幸，生在这个崩解的时代，既不能不识不知，顺帝之则，复不能只是顺艺术性的兴趣之鼓舞以自娱，更无大圣人浑化之根器，则其破裂偏倾而有担负之苦，亦势所当然。我以孤峭乏润泽之生命，只能一往偏倾，求其生命于抽象之域，指出时代症结之所在，凸出一思想系统以再造。甘愿受此痛苦而不辞，则亦安之若命也。我们这一代在观念中受痛苦，让他们下一代在具体中过生活。

（1953 年 2 月《人生杂志》）

关于“生命”的学问

——论五十年来的中国思想

此五十年内，中国的思想界大体是混乱浮浅而丧失其本。此种悲惨命运的总原因，是在“生命学问”的丧失。

个人的尽性与民族的尽性，皆是“生命”上的事。如果“生命”糊涂了，“生命”的途径迷失了，则未有不陷于颠倒错乱者。生命途径的豁朗是在生命的清醒中，这需要我们随时注意与警觉来重视生命的学问。如果我们的意识不向这里贯注，则生命领域便愈荒凉暗淡。久之，便成漆黑一团了。

我们自辛亥革命以来，社会上大体皆知道要求科学与民主政治。但是科学与民主政治，自其出现上说，是并不能自足无待的。如果生命不能清醒凝聚，则科学不能出现，民主政治亦不能出现。我们近五十年来的学术方向是向西方看齐，但是我们只知道注意西方的科学。科学中是并无生命的途径的。西方人关于生命的灵感与关于生命的指示，是在他们的文学艺术与宗教。尤其是宗教，乃是他们的灵感的总源泉。

但是中国的知识分子以其浅薄的理智主义，对于道德宗教是并无严肃的意识的，因之对于他们的宗教是并不发生兴趣的。要不，就是二毛子的意识，这不在我们讨论范围之内。文学艺术是创造之事，不是学问之事。我们天天在学习西方的文学艺术，但是我们若没有他们那种生命情调，我们是学不来的。我们的学术方向是以科学为普遍的尺度，我们不注意他们的生命学问，读哲学的是以理智游戏为满足。西方的哲学本是由知识为中心而发的，不是“生命中心”的。我们这几十年来的哲学界是以学西方哲学为主的。所以只注意了他们的“知识中心”的逻辑思辨，接触了一些逻辑问题、科学问题，以及外在的思辨的形而上学的问题，而并没有注意生命的问题。读西方哲学是很难接触生命的学问的。

西方哲学的精彩是不在生命领域内，而是在逻辑领域内、知识领域内、概念的思辨方式中。所以他们没有好的人生哲学。读西方哲学而接近生命的，不外两条路：一是文学的，一是生物学的；然这都不是正宗的。文学的进路是感性的、浪漫的，生物学的进路是科学的、自然主义的，都不能进入生命学问之堂奥。表面看起来，多姿多彩，实则皆未入生命问题之中心。诚如王充所云：“丰文茂记，繁如荣华。诙谐剧谈，甘如饴蜜。未必得实。”（《论衡·本性》篇语）揆之西方正宗哲学，此皆不免浪漫外道之讥。

西方人有宗教的信仰，而不能就其宗教的信仰开出生命的学问。他们有“知识中心”的哲学，而并无“生命中心”的生命学问。他们有神学，而他们的神学的构成，一部分是亚里士多德的哲学，一部分是《新旧约》的宗教意识所凝结成的宗教神话。此可说是尽了生命学问的外在面与形式面，与真正的生命学问尚有间。就是这一点，亦是中国知识分子的学术方向所不接近的。对于西方如此，对于中国的生命学问，则更忽视而轻视了。

实则真正的生命学问是在中国。但是这个学问传统早已断绝了，而且更为近时知识分子的科学尺度所窒死。他们对于这个学问传统，在情感上，倒不是偏爱，而是偏憎了。他们对于西方的一切，倒是有偏爱，可是以其科学的理智主义，对于西方的宗教，就是想爱，亦爱不上。这就表示中国近时知识分子的心态是怎样的浅陋了，对于生命学问是怎样的无知了。对于生命学问的忽视，造成生命领域的荒凉与暗淡，甚至达到漆黑一团之境了。所以知识分子的智慧、德性与器识，真是无从说起了。王船山说：“害莫大于浮浅”，诚于今日验之矣。《易·系》曰：“极深研几。”又曰：“唯深也，故能通天下之志。唯几也，故能成天下之务。”极深研几是生命学问透彻以后的事。我们不能“通天下之志”，所以也不能“成天下之务”。

我说中国的生命学问传统早已断绝。断绝于何时？曰断绝于明亡。清入主中国，是民族生命一大曲折，同时亦是文化生命一大曲折。今之陋习，是清三百年恶劣曲折之遗毒。晚明诸大儒，顾、黄、王之心志，是因满清之歪曲而畅通不下来。他们都是继承中国的生命学问传统而重新反省秦汉以降的政体与制度的，他们都是要求自内圣向外开以重建其外王之道的。他们都痛斥“孤秦陋宋”，以明中国何以遭夷狄之祸。对家天下之私之政体以及随之而来的所谓家法与制度，不能不有一彻底之反省与改变。他们的心志，大体上说，是与西方的十七八世纪的方向并无二致。他们所处的时代亦正当西方十七八世纪之时。然而在西方，却正是一帆风顺，向近代化而趋，而他们的心志，却遭遇清之歪曲，而继续不下来，因而并未形成与西方相平行之发展。平常说中国落后了三百年，其实不是落后，乃是歪曲了三百年。这歪曲的三百年，说短固不算短，然而把历史拉长了观，健康其心志，不怨不尤，也并不要紧。要紧的是从速觉悟，扭转此歪曲的陷落。可惜入民国以来，这歪曲的遗毒，仍然在蔓延，而不知悔，且借口于科学以加深其蔓延。人们只知研究外在的对象为学问，并不认生命处亦有学问。人只知以科学言词、科学程序所得的外延真理（Extensional truth）为真理，而不知生命处的内容真理（Intensional truth）为真理。

所以生命处无学问、无真理，只是盲爽发狂之冲动而已。心思愈只注意外在的对象，零零碎碎的外在材料，自家生命就愈四分五裂，盲爽发狂，而陷于漆黑一团之境。在这样的生命状态下，我们凭什么要求科学？我们凭什么要求民主建国？然而追求科学真理，要求民主建国，却是民族尽性之大业。而“尽性”是生命上的事，是靠一种生命学问来恢弘其内容的。我们的思想界并未在这里建立其纲维，以端正学术之方向，清醒并凝聚我们的民族生命的。中国从古即说“大学之道，在明明德”。试问今日之大学教育，有哪一门是“明明德”。今之学校教育是以知识为中心的，却并无“明明德”之学问。“明明德”的学问，才是真正“生命”的学问。

生命的学问，可以从两方面讲：一是个人主观方面的，一是客观的集团方面的。前者是个人修养之事，个人精神生活升进之事，如一切宗教之所讲；后者是一切人文世界的事，如国家、政治、法律、经济等方面的事，此也是生命上的事，生命之客观表现方面的事。如照儒家“明明德”的学问讲，这两方面是沟通而为一的。个人主观方面的修养，即个人之成德，而个人之成德是离不开国家天下的。依儒家的教义，没有孤离的成德，因为仁义的德性是不能单独封在个人身上的，仁体是一定要向外感通的。“义以方外”，义一定要客观化于分殊之事上而曲成之的。故罗近溪讲《大学》云：“大人者连属家国天下而为一身者也。”何以是如此？就因为仁义的德性一定要客观化于人文世界的。且进一步，不但要客观化于人文世界，且要扩及于整个的天地万物。故王阳明云：“大人者以天地万物为一体者也。”程明道云：“仁者与天地万物为一体。”这是根据《中庸》“成己成物”而来。“成己仁也，成物智也。合内外之道也。”也是根据孟子“万物皆备于我矣。反身而诚，乐莫大焉”而来。儒家的教义就是要这样充实饱满，才能算是成德。不是个人的得救，一得救一切得救，一切得救始一得救。个人的尽性，民族的尽性，与参天地赞化育，是连属在一起的。这是儒圣的仁教所必然涵到的。

有这样的生命学问，始能立起并贞定吾人之生命，而且真能开出生命的途径，个人的与民族的，甚至全人类的。自辛亥革命以来，很少有人注意这种学问。道德价值意识的低沉，历史文化意识的低沉，无过于此时。是表示中华民族之未能尽其性也。只有业师熊十力先生一生的学问是继承儒圣的仁教而前进的，并继承晚明诸大儒的心志而前进的。就我个人说，自抗战以来，亲炙师门，目击而道存，所感发者多矣。深感吾人之生命已到断潢绝港之时。乃发愤从事文化生命之疏通，以开民族生命之途径，扭转清以来之歪曲，畅通晚明诸儒之心志，以开生命之学问。此《历史哲学》《道德的理想主义》《政道与治道》三书之所由作也。

五十年来，中国思想界大体可分三阶段。康有为、章太炎、吴稚晖诸先生为第一阶段；五四运动为第二阶段；十七年北伐以后为第三阶段。这三阶段的思想之混乱与浮浅，以及其离本走邪，历历在目。故吾自学校读书起至抗战胜利止，这十余年间，先从西方哲学方面厘清吾人所吸取于西方思想者之混杂，而坚定其“理想主义”之立场。此阶段之所思以《逻辑典范》(后改写为《理则学》)与《认识心之批判》两书为代表。此后至今，则归宗于儒家，重开生命之学问。上承孔孟，下接晚明，举直错诸枉，清以来之歪曲，可得而畅通。中华民族终当尽其性，克服磨难，以屹立于天壤间。

（1961年1月《中国一周》）